成本会计实训教程

杨 英 编著

东南大学出版社
·南京·

图书在版编目(CIP)数据

成本会计实训教程/杨英编著. —南京：东南大学出版社，2012.4(2016.8重印)
ISBN 978-7-5641-3390-0

Ⅰ.①成… Ⅱ.①杨… Ⅲ.①成本会计-教材 Ⅳ.①F234.2

中国版本图书馆 CIP 数据核字(2012)第 048150 号

成本会计实训教程

出版发行：	东南大学出版社
社　　址：	南京市四牌楼2号　邮编：210096
出 版 人：	江建中
网　　址：	http://www.seupress.com
经　　销：	全国各地新华书店
印　　刷：	兴化印刷有限责任公司
开　　本：	700mm×1000mm　1/16
印　　张：	10.25
字　　数：	204千字
版　　次：	2012年4月第1版
印　　次：	2016年8月第3次印刷
书　　号：	ISBN 978-7-5641-3390-0
定　　价：	26.00元

本社图书若有印装质量问题，请直接与营销部联系。电话：025-83791830

前　言

　　成本会计是会计、财务管理专业的主干课程。它是以提高经济效益为目的，应用会计的基本原理和一般原则，采用专门的方法对企业生产经营管理中的成本及相关费用进行核算和监督的一种管理活动，具有很强的实践性。它不仅要求学生掌握成本会计核算的理论和方法，更需要学生具备解决专业实际业务问题的能力。可以说成本会计的实践性教学是必不可少的一个环节。

　　《成本会计实训教程》是继《基础会计模拟实习》、《财务会计模拟实习》之后编写的一本配套模拟教材，我们期望通过三条各有侧重点的会计模拟主线，使学生能够达到熟练编制凭证、登记账簿、核算成本、编制报表的目的，从而提高学生的实际操作能力，增强竞争力，增加就业机会。

　　本教程结合成本会计核算基本理论、方法及成本管理理念、体系，通过成本会计课程的实训，使学生可以更好地掌握企业成本核算的基本流程，合理开设成本核算账户，正确进行各项费用的归集与分配，准确进行完工产品成本计算，基本掌握成本核算岗位必需的业务技能和业务知识。

　　由于编者水平有限，书中难免有缺憾，望广大读者、同行批评指正。

编者
2012 年 2 月

目 录

第一章 总 论 ·· 1
  第一部分：知识回顾 ··· 1
  第二部分：实务训练 ··· 5
    实训：资料查找能力实训 ··· 5

第二章 成本核算的要求和程序 ··· 6
  第一部分：知识回顾 ··· 6
  第二部分：实务训练 ·· 14
    实训：成本计算对象确定与成本项目设置实训 ···································· 14

第三章 费用归集和分配的程序和方法 ··· 15
  第一部分：知识回顾 ·· 15
  第二部分：实务训练 ·· 41
    实训一：生产过程中发生的各种产品成本要素的会计处理 ······················ 41
    实训二：生产费用在完工产品与月末在产品之间分配的实训 ·················· 52

第四章 产品成本核算的基本方法 ··· 56
  第一部分：知识回顾 ·· 56
  第二部分：实务训练 ·· 61
    实训一：品种法实训 ··· 61
    实训二：分批法实训 ··· 77
    实训三：简化分批法实训 ·· 79
    实训四：逐步结转分步法实训 ·· 82
    实训五：平行结转分步法实训之一 ·· 85
    实训六：平行结转分步法实训之二 ·· 88

第五章 产品成本核算的辅助方法 ··· 89
  第一部分：知识回顾 ·· 89

第二部分：实务训练 …………………………………………………… 91
　　　实训一：分类法实训 …………………………………………………… 91
　　　实训二：定额法实训 …………………………………………………… 92
第六章　成本报表 ……………………………………………………………… 95
　　第一部分：知识回顾 …………………………………………………… 95
　　第二部分：实务训练 …………………………………………………… 98
　　　实训一：商品产品成本表编制的实训 ………………………………… 98
　　　实训二：主要产品单位成本表编制的实训 …………………………… 99
　　　实训三：制造费用明细表编制的实训 ………………………………… 100
第七章　成本分析 ……………………………………………………………… 102
　　第一部分：知识回顾 …………………………………………………… 102
　　第二部分：实务训练 …………………………………………………… 104
　　　实训一：商品产品成本表分析的实训 ………………………………… 104
　　　实训二：主要产品单位成本表分析的实训 …………………………… 106
附录 ……………………………………………………………………………… 108
　　第一部分：实务训练 …………………………………………………… 108
　　第二部分：教学大纲 …………………………………………………… 120

部分参考答案 …………………………………………………………………… 122

参考文献 ………………………………………………………………………… 156

第一章 总 论

第一部分 知识回顾

第一节 成本概念和作用

一、成本及成本会计的概念

1. 成本是指企业为了生产一定种类、一定数量的产品所支出的各种生产费用之和。它是按一定的产品或劳务对象所归集的费用,它是对象化了的费用。

2. 费用是指企业为销售商品、提供劳务等日常活动所发生的经济利益的流出。

3. 成本与费用的主要区别:企业生产费用通常与会计期间相联系,而产品成本一般与产品的生产周期相联系。生产费用是形成产品成本的基础,产品成本则是生产费用的对象化。

4. 成本会计是会计学科体系的重要分支,主要运用于生产企业的一种专业会计。成本会计具有广义与狭义之分。狭义的成本会计是指进行成本核算与分析的成本会计;广义的成本会计则指进行成本预测、决策、计划、控制、核算、分析及考评的成本会计,即成本管理。

二、成本的作用

1. 成本是弥补生产耗费的尺度。
2. 成本是制定产品价格的重要因素。
3. 成本是企业进行经营决策的重要依据。
4. 成本是综合考核企业工作质量的重要指标。

三、成本会计的产生和发展

成本会计是随着社会经济的发展和人们对管理水平要求的提高而逐步形成与不断完善起来的。成本会计经历了一个漫长的历史时期,最后与复式记账法相结

合,形成了成本会计。总的来说,成本会计先后经历了三个阶段:

1. 早期成本会计(20世纪20年代以前):英国产业革命后,由于工业的迅速发展,企业间的竞争日益激烈,成本问题越来越受到重视。英国会计界将成本记录与计算和不同的会计工作结合起来,形成了成本会计体系。这时的成本会计成为记录型成本会计,传统的成本会计形成了。

2. 近代成本会计(20世纪20年代至80年代中期):资本主义工业革命的完成,使企业有了迅速发展的社会条件和物质技术条件,企业外部环境日趋复杂多变,市场竞争也越来越激烈。在这个阶段,人们在传统成本会计的基础上,引入标准成本制度,进行差异分析并对成本进行事中控制。这一阶段也是管理会计初步形成的阶段。

3. 现代成本会计(20世纪80年代中期至今):近年来,新的管理技术不断涌现,相继出现了如全面质量管理(TQM)、敏捷制造(AM)、适时制生产系统(JIT)、企业资源计划系统(ERP)和供应链管理(SCM)等方法。在新的管理环境下,原有的成本会计理论和计量模式暴露了各方面的问题。因此,成本会计必须进行变革,以适应现代管理的需要,协助管理者在新环境下进行有效的管理控制,涌现出了许多新的成本计量方法。

第二节 成本会计的对象

一、成本会计对象的概念

成本会计的对象是指成本会计反映和监督的内容,即企业在生产经营过程中发生的各项费用以及产品生产成本的形成。不同企业成本会计核算和监督的内容基本相同,所以,成本会计的对象可以概括为:各行业企业生产经营业务的成本和有关期间费用,简称成本、费用。因此,成本会计实际上是成本、费用会计。

二、工业企业成本会计对象的具体内容

工业企业成本会计对象可概括为:工业企业生产经营过程中发生的产品成本和期间费用。具体内容如下(图1-1):

商品流通企业、交通运输企业、施工企业、农业企业、旅游饮食服务企业等行业企业在生产经营过程中所发生的各种费用,部分地形成各行业企业的生产经营业务成本,部分地作为期间费用直接计入当期损益。

随着经济的发展与科技进步,企业经营管理要求的提高,成本的概念和内容在不断发展、变化。随着成本概念的发展、变化,成本会计的对象也相应地发展、变化。现代成本会计的对象,应该包括各行业企业生产经营业务成本、有关的期间费用和各种专项成本。

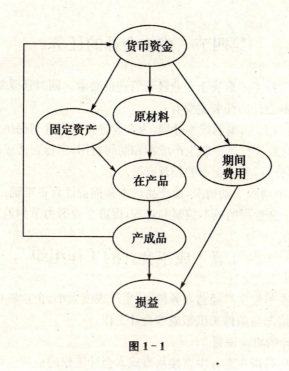

图1-1

第三节 成本会计的职能

一、成本会计的反映职能

成本会计的职能是指成本会计在经济管理中所具有的内在功能。成本会计的职能既包括对生产经营业务成本和有关的期间费用进行成本核算和分析,也包括对生产经营业务成本、期间费用和专项成本进行预测、决策、计划、控制和考核。

二、成本会计的监督职能

成本会计的监督职能是指按照一定的目的和要求,通过控制、调节、指导和考核等,监督各项生产经营耗费的合理性、合法性和有效性,以达到预期的成本管理目标。

除此以外,成本会计具有成本预测、成本决策、成本控制、成本分析和成本考核等职能。在成本会计的诸多职能中,成本会计的反映职能是成本会计的最基本职能,它是从价值补偿的角度出发,反映生产经营过程中各种费用的支出,以及产品成本和期间费用的形成情况,为经营管理提供成本信息的功能。如果没有成本核算,成本会计的其他各项职能都将无法进行。

第四节　成本会计的任务

成本会计的任务主要取决于企业经营管理的要求。同时还受制于成本会计的对象和职能。成本会计的任务主要有：

1. 进行预测和决策，编制成本计划，为企业进行成本管理提供依据。
2. 正确、及时地核算企业的生产成本和期间费用，实行责任成本核算。
3. 进行成本分析，考核企业的经营成果。
4. 反映产品的增减变动情况，使产品成本和损益计算更准确。
5. 实现全员、全过程的成本控制和管理，促进企业努力节约消耗，降低成本。

第五节　成本会计的工作组织

企业应根据本单位生产经营业务特点、生产规模大小、企业机构设置和成本管理的要求等具体情况与条件来组织成本会计工作。

一、成本会计的机构设置

成本会计机构是指在企业中直接从事成本会计工作的机构。会计机构的分工包括成本会计机构内部的组织分工和企业内部各级成本会计机构之间的组织分工。成本会计机构内部的组织分工既可以按成本会计的职能分工，亦可以按成本会计的对象分工。各级成本会计机构之间的组织分工有集中工作和分散工作两种方式。

二、成本会计的人员配备

在企业的成本会计机构中，配备足够数量、能够胜任工作的成本会计人员，是做好成本会计工作的关键。成本会计人员应该认真履行自己的职责，遵守职业道德，坚持原则，遵纪守法，正确行使自己的职权。

三、成本会计的制度规定

成本会计的法规和制度是组织和从事成本会计工作必须遵守的规范，是会计法规和制度的重要组成部分。成本会计法规和制度的制定，应该按照统一领导、分级管理的原则。每一个企业应根据国家的有关规定，结合本企业生产经营的特点和管理要求，具体制定本企业的成本会计制度、规程和办法。为了统一企业会计核算口径，规范企业会计核算方法，我国制定了"一法、二则、三制度"。"一法"即《中华人民共和国会计法》；"二则"即《企业会计准则》和《企业财务通则》；"三制度"即《企业会计制度》、《金融企业会计制度》和《小企业会计制度》，从而形成了全国性会计法规制度的三个层次。成本会计作为一种以企业成本费用为对象的企业会计，必须在"一法、二则、三制度"的规范下进行工作。

第二部分 实务训练

实训：资料查找能力实训

【实训内容】
　　了解我国有关成本核算的制度规范。
【实训目的】
　　通过引导学生上网查询、检索有关网站，收集并了解我国各行业的成本核算制度规范，分析各行业成本核算制度的差异，了解成本核算规范的重要性。
【实训要求】
　　要求学生自主上网搜索成本会计有关法律、法规，并整理出有关成本核算条目，提交整理小结。
【实训项目】
　　上网查找以下与成本相关的法律法规：
　　1.《中华人民共和国会计法》
　　2.《企业会计准则》
　　3.《企业会计制度》
　　4.《企业内部控制规范》
　　5.《小企业会计制度》

第二章　成本核算的要求和程序

第一部分　知识回顾

第一节　成本核算的要求

一、算管结合,算为管用

算管结合,算为管用就是成本核算应当与企业经营管理相结合,所提供的成本信息应当满足企业经营管理和决策的需要。

二、正确划分各种费用界限

1. 正确划分资本性支出和收益性支出的界限。
2. 正确划分应计入产品成本费用和不应计入产品成本费用的界限。
3. 正确划分各个会计期间的费用界限。
4. 正确划分各种产品应负担的费用界限。
5. 正确划分完工产品和在产品成本的界限。

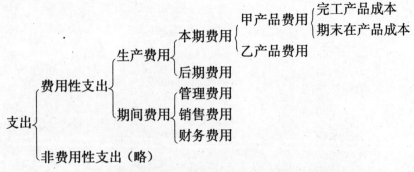

以上五个方面费用界限的划分过程,也就是产品生产成本的计算和各项期间费用的归集过程。在这一过程中,应贯彻受益原则,即何者受益何者负担费用,何时受益何时负担费用,负担费用的多少应与受益程度的大小成正比。

三、正确确定财产物资的计价和价值结转的方法

企业财产物资计价和价值结转方法主要包括：固定资产原值的计算方法、折旧方法、折旧率的种类和高低，固定资产修理费用是否采用待摊或预提方法以及摊提期限的长短；固定资产与低值易耗品的划分标准；材料成本的组成内容、材料按实际成本进行核算时发出材料单位成本的计算方法、材料按计划成本进行核算时材料成本差异率的种类、采用分类差异率时材料类距的大小等；低值易耗品和包装物价值的摊销方法、摊销率的高低及摊销期限的长短等。为了正确计算成本，对于各种财产物资的计价和价值的结转，应严格执行国家统一的会计制度。各种方法一经确定，应保持相对稳定，不能随意改变，以保证成本信息的可比性。

四、做好各项基础工作

1. 建立和健全原始记录工作。
2. 做好定额的制定和修订工作。
3. 建立和健全材料物资的计量、收发、领退和盘点制度。
4. 做好内部结算价格的制定和修订工作。

五、适应生产特点和管理要求，采用适当的成本计算方法

由于企业生产工艺、生产特点和管理要求的不同，因而各个企业在进行成本核算时，会选用不同的成本核算方法进行成本的核算与管理。但是，每个企业必须根据生产特点和管理要求选择适合本企业的成本核算方法，以保证成本核算信息的正确性。

第二节 费用的分类

一、费用按经济内容分类

产品的生产过程，也是物化劳动（包括劳动对象和劳动手段）和活劳动的耗费过程，生产过程中发生的生产费用，按经济内容分类可划归为劳动对象方面的费用、劳动手段方面的费用和活劳动方面的费用三大类。在按照经济内容分类的基础上，将生产费用划分为下列若干要素费用。

1. 外购材料。
2. 外购燃料。
3. 外购动力。
4. 职工薪酬。
5. 折旧费。
6. 修理费用。
7. 利息费用。
8. 税金。

9. 无形资产摊销费。

10. 其他支出。

二、费用按经济用途分类

工业企业在生产经营中发生的费用,按照经济用途可以分为计入产品成本的生产费用和直接计入当期损益的期间费用两类。

1. 生产费用按经济用途进行分类

为具体反映计入产品成本的生产费用的各种用途,提供产品成本构成情况的资料,还应将其进一步划分为若干个产品生产成本项目(简称产品成本项目或成本项目)。工业企业一般应设置以下几个成本项目:

(1) 直接材料。

(2) 直接人工。

(3) 制造费用。

企业可根据生产特点和管理要求对上述成本项目做适当调整。对于管理上需要单独反映、控制和考核的费用,以及产品成本中占比重较大的费用,应专设成本项目,否则为了简化核算不必专设成本项目。

2. 期间费用按经济用途进行分类

工业企业的期间费用按照经济用途可分为:

(1) 销售费用。

(2) 管理费用。

(3) 财务费用。

三、费用按计入产品成本的方法分类

1. 直接计入费用。

2. 间接计入费用。

四、费用按与生产工艺的关系分类

1. 基本费用。

2. 一般费用。

五、费用按与产品产量的关系分类

1. 变动费用。

2. 固定费用。

由上可知,生产费用可以按不同的标准分类,但其中最基本的是按生产费用的经济内容和经济用途的分类。其基本内容如下:

表 2-1 生产费用的分类

项目		内容
按费用的经济内容分类	费用项目	外购材料、外购动力、外购燃料、职工薪酬、折旧费、修理费、税金、利息净支出、无形资产摊销费、其他费用
按费用的经济用途分类	产品成本项目	直接材料、直接人工、制造费用
	期间费用	管理费用、财务费用、销售费用

第三节 成本核算的一般程序和应用的主要成本账户

一、产品成本核算的一般程序

产品成本核算程序又叫产品成本计算程序,是指企业在计算产品成本过程中,从生产费用的归集、分配到确定完工产品成本的工作过程。这一工作过程包括:确定成本计算对象、确定成本项目、确定成本计算期、审核生产费用、归集分配生产费用、计算月末在产品成本、确定完工产品成本。

(一)确定成本计算对象

合理确定产品成本计算对象是正确计算产品成本的前提。确定成本计算对象的目的在于明确生产费用的承担者,便于进行生产费用的归集、分配与计算。不同的制造企业,由于在生产规模、工艺特点、管理要求、管理水平等方面存在差异,其产品成本计算对象的确定方式也不同。

对大批量生产的产品,通常以产品品种作为产品成本计算对象;对小批量或单件生产的产品,通常按产品的生产批次作为产品成本计算对象;对产品生产步骤较多又需要计算每一生产步骤半成品成本的产品,则可以按产品的生产步骤作为产品成本计算对象;对生产过程相同、生产工艺相近的同类产品,还可以按产品的类别作为产品成本计算对象。

(二)确定成本项目

不同的生产费用对产品成本起着不同的作用。为了正确反映产品成本的经济构成,进行产品成本的比较,加强产品成本的管理,需要对发生的生产费用按其经济用途归集到产品成本计算对象之中,因此企业在进行产品成本计算前,必须先确定成本项目。如前所述产品成本项目一般分为三个项目:直接材料、直接人工和制造费用。也可以按照成本管理的需要,将成本项目分为原料及主要材料、燃料及动力、工资、社保费、废品损失、停工损失和制造费用等七项。

(三)确定成本计算期

成本计算期是指计算产品成本的间隔期间,即间隔多长时间计算一次产品成本,在什么时候计算产品成本。产品成本计算期的确定取决于产品成本计算对象的确定方式。

当企业按产品品种、产品生产步骤、产品生产类别作为成本计算对象时,产品成本的计算期通常与会计期间相同,即在每月月末计算产品成本。当企业按产品的生产批别作为产品成本计算对象时,产品成本的计算期则与一批产品的生产周期相一致,即在该批产品完工时计算产品成本。

(四)审核生产费用

审核生产费用是指对发生的生产费用进行审查与核实,审核生产费用是否客观真实、合法合理、准确无误,是否属于产品成本的开支范围,是否符合产品成本的开支标准,把住关口以保证产品成本计算的真实准确。

(五)归集分配生产费用

对审核无误的生产费用要按产品成本计算对象进行归集,并按其经济用途分别计入各个成本项目之中。归集和分配生产费用的原则是受益原则,即谁受益谁承担。

归集和分配生产费用的方法是:直接计入费用直接认定、间接计入费用比例分配。当生产费用发生时能确定承担该生产费用的产品成本计算对象,就直接计入该成本计算对象的有关成本项目;当生产费用发生时无法确定承担该生产费用的产品成本计算对象,则需要以共同承担该生产费用的各个受益对象的受益程度为比例分配该项生产费用,再计入各个成本计算对象的有关成本项目之中,最终形成各个产品成本计算对象承担的全部生产费用。

(六)计算完工产品成本

到了产品成本计算期,要按规定计算当期完工产品的总成本与单位成本。具体有两种情况:一是到了产品成本计算期末,本期生产的产品已全部完工,则在成本计算期内所归集的生产费用就是完工产品的总成本,总成本除以完工产品数量就是完工产品的单位成本;二是到了产品成本计算期末,还有部分产品尚未完工而存在月末在产品,要运用一定的方法将所归集的生产费用在完工产品与月末在产品之间进行分配,先计算出月末在产品应负担的生产费用作为月末在产品成本,再确定本期完工产品应负担的生产费用作为完工产品的总成本,并计算完工产品的单位成本。

可用流程图表示,见图2-1。

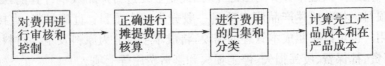

图2-1 产品成本核算程序流程图

二、核算应设置的主要成本账户

在产品成本计算过程中,要将发生的生产费用按一定的产品成本计算对象进行归集与分配,最终确定完工产品成本,就必须设置相应的总账账户与必要的明细账户。按照现行的《企业会计制度》和《小企业会计制度》规定,制造企业的产品成本计算账户包括"**生产成本**"与"**制造费用**"。

(一)"生产成本"账户

"生产成本"账户用来核算企业进行产品生产(包括完工产品、自制半成品生产和提供劳务等)、自制材料、自制工具、自制设备等所发生的各项生产费用。下设"基本生产成本"和"辅助生产成本"两个二级账户,分别用来核算企业发生的基本生产成本与辅助生产成本。

1."基本生产成本"二级账户

制造企业的基本生产是指本企业用于对外销售产品的生产。企业在生产产品过程中发生的生产费用,通过设置"基本生产成本"二级账户进行归集。为了反映不同的成本计算对象所发生的生产费用,在该二级账户下应当按产品成本计算对象分户设置明细分类账,称为产品成本明细账或产品成本计算单。产品成本明细账采用多栏式账页,其基本格式见表2-2。

表2-2 基本生产成本明细账   总第 页

成本对象:　　　　生产车间:　　　　投产时间:　　　　字第 页

××年		凭证		摘 要	产量 ( )	成 本 项 目			合计
月	日	字	号			直接材料	直接人工	制造费用	

基本生产成本明细账的登记方法基本等同于其他明细账的登记,主要区别是合计数栏不同于其他明细账的余额栏,不是反映本账户的累计数,而是反映本行次成本项目的合计数。

2."辅助生产成本"二级账户

制造企业的辅助生产是指为本企业基本生产车间及其他部门提供产品或劳务的生产。企业在进行辅助生产过程中发生的生产费用,通过设置"辅助生产成本"二级账户进行归集。企业同时设有若干个辅助生产车间时,应当按不同的辅助生产车间分户设置辅助生产成本明细账。辅助生产成本明细账的格式与基本生产明细账的格式基本相同,见表2-3。登记方法亦同。

表2-3 辅助生产成本明细账

辅助生产车间：　　　　　　　　　产品或劳务：　　　　　　　　总第　页
　　　　　　　　　　　　　　　　　　　　　　　　　　　　　　字第　页

××年		凭证		摘要	成本项目			合计
月	日	字	号		直接材料	直接人工	制造费用	

表2-2、表2-3所示格式只是生产成本账户的基本格式，在实际工作中还会有其他不同的格式，本教材有关章节将会有所列示。

（二）"制造费用"账户

制造费用是企业生产车间在生产产品或提供劳务过程中发生的各项间接费用，如车间管理人员的工资及社保费、折旧费、水电费、机物料消耗、劳动保护费等。由于制造费用的内容较多，不宜在生产成本账户中分别设置成本项目，需要通过设置"制造费用"账户进行归集，再按一定的标准分配计入各受益的产品成本计算对象。为了反映不同生产车间所发生的制造费用，应按不同的生产车间分户设置制造费用明细账。对制造费用发生额较少的辅助生产车间，或生产单一产品的基本生产车间，可以不设制造费用明细账。

制造费用明细账一般采用多栏式账页，格式见表2-4、表2-5。

表2-4 制造费用明细账

生产车间：　　　　　　　　　　　　　　　　　　　　　　　　　　总第　页
　　　　　　　　　　　　　　　　　　　　　　　　　　　　　　字第　页

××年		凭证		摘要	借方	贷方	借或贷	余额	（借）方 项目			
月	日	字	号						工资	折旧费	水电费	（略）

表2-5 制造费用明细账

生产车间：　　　　　　　　　　　　　　　　　　　　　　　　　　总第　页
　　　　　　　　　　　　　　　　　　　　　　　　　　　　　　字第　页

××年		凭证		摘要	合计	工资	福利费	劳动保护费	折旧费	修理费	水电费	（略）
月	日	字	号									

（三）"废品损失"账户

废品损失主要核算企业生产经营过程中发生的废品损失。该账户借方登记不可修复废品的生产成本和可修复废品的修复费用;贷方登记废品残料回收的价值、应收责任人得赔款以及转出的废品净损失;期末结转后无余额。该账户应按照车间、部门设置明细账,账中按照产品品种分别设置专户,按照成本项目或专栏进行登记。

三、产品成本核算的账务处理程序

产品成本核算的账务处理是指在产品形成过程中进行会计处理的步骤。具体包括:

(一)审核各种费用凭证,将发生的费用按发生的地点和用途进行归集和分配。

(二)分配辅助生产费用。

(三)分配基本生产车间的制造费用。

(四)确定月末在产品应负担的生产费用。

(五)计算完工产品总成本与单位成本。

以上产品成本核算的账务处理程序,实际上就是分清费用五个界限的过程。对此作出产品成本核算账务处理程序,如图2-2所示。

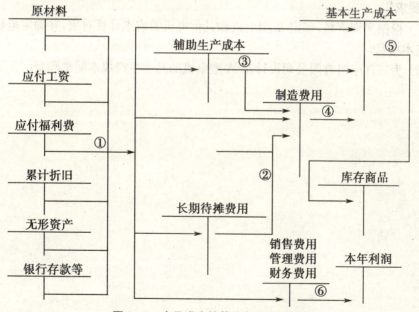

图2-2 产品成本核算账务处理程序图

说明:① 对发生的要素费用进行归集与分配。

② 摊销长期待摊费用。

③ 按受益情况分配辅助生产成本。

④ 分配基本生产车间的制造费用。

⑤ 确定月末在产品成本,计算并结转完工产品成本。
⑥ 将各项期间费用结转本年利润。

第二部分 实务训练

实训：成本计算对象确定与成本项目设置实训

【实训目的】
训练产品成本计算对象的确定与产品成本项目的设定。

【实训资料】
三江电机有限公司是一家专业生产微型电机的企业,除 A 型电机进行大量生产外,其他电机都按购货方的订单组织生产,且每批的批量较小。在电机的生产过程中,主要是原材料、动力、生产工人工资及车间管理人员工资,此外也有少量的废品损失。

【实训要求】
(1) 根据实训资料,确定 A 型电机和其他电机的成本计算对象,并确定电机产品的成本项目。
(2) 为三江电机有限公司设计出 A 型电机的基本生产成本明细账页。

第三章 费用归集和分配的程序和方法

第一部分 知识回顾

第一节 材料费用的分配

一、材料的分类

1. 原材料及主要材料。
2. 辅助材料。
3. 修理用备件。
4. 外购半成品。
5. 燃料。
6. 包装材料。

二、材料费用的归集和分配

(一) 归集和分配

1. 对于直接用于产品生产、构成产品实体的原料和主要材料,通常分产品领用,专门设有"原材料"或"直接材料"成本项目,可根据领料凭证直接计入某种产品成本的"原材料"成本项目。

2. 对于由几种产品共同耗用的原料,应采用适当的分配方法,分配计入各有关产品成本的"原材料"成本项目。原料和主要材料费用的分配标准一般是按产品的重量比例、体积比例分配。如果难于确定适当的分配方法,或者作为分配标准的资料不易取得,而原料或主要材料的消耗定额比较准确,可以按照材料的定额消耗量或定额费用比例分配。

(1) 定额消耗量分配法。
(2) 产品重量比例分配法。

(3) 标准产量比例分配法。

消耗定额是单位产品可以消耗的数量限额。定额消耗量是指一定产量下按照消耗定额计算的可以消耗的数量,费用定额和定额费用是消耗定额和定额消耗量的货币表现。

分配材料费用的计算程序有两种:按材料定额消耗量分配材料费用;在各种产品共同耗用原材料的种类较多的情况下,为简化分配计算工作,可以按照各种材料的定额费用的比例分配材料实际费用。

按材料定额消耗量比例分配材料费用的计算公式如下:

某种产品材料定额消耗量＝该种产品实际产量×单位产品材料消耗定额

$$材料消耗量分配率=\frac{材料实际总消耗量}{材料定额消耗量}$$

某种产品应分配的材料数量＝该种产品的材料定额消耗量×材料消耗量分配率

某种产品应分配的材料费用＝该种产品应分配的材料数量×材料单价

这种计算程序是先按材料定额消耗量分配计算各种产品的材料实际消耗量,再乘以材料单价,计算各产品的实际材料费用。这样分配可以考核材料消耗定额的执行情况,有利于进行材料消耗的实物管理。但分配计算的工作量较大,为了简化分配计算工作,也可以按材料定额消耗量的比例直接分配材料费用。

按各种材料的定额费用的比例分配材料实际费用的计算公式如下:

某种产品某种材料定额费用＝该种产品实际产量×单位产品该种材料费用定额
　　　　　　　　　　　＝该种产品实际产量×单位产品该种材料消耗定额×
　　　　　　　　　　　　该种材料计划单价

$$材料费用分配率=\frac{各种材料实际费用总额}{各种产品各种材料定额费用之和}$$

某种产品分配负担的材料费用＝该种产品各种材料定额费用之和×材料费用分配率

3. 直接用于产品生产的辅助材料,也同样直接或分配后计入某种产品的"原材料"成本项目。分配方法有:

(1) 对于耗用在原料及主要材料上的辅助材料,应按原料及主要材料耗用量的比例分配。

(2) 对于与产品产量直接有联系的辅助材料,可按产品产量比例分配。

(3) 在辅助材料消耗定额比较准确的情况下,可按照产品定额消耗量或定额费用的比例分配辅助材料费用。

4. 直接用于辅助生产的原材料费用,应记入"辅助生产成本"总账及其所属明细账借方的相应成本项目。

5. 用于基本生产车间管理的原材料费用,应记入"制造费用(基本生产车间)"账户的借方。

6. 用于厂部组织和管理生产经营活动等方面的原材料费用,应记入"管理费用"账户的借方。

7. 用于产品销售的原材料费用,应记入"销售费用"账户的借方。

原材料费用的分配通过原材料费用分配表进行,原材料费用分配表应根据领退料凭证和有关资料编制。

编制原材料费用分配表后,可进行如下会计处理:

借:生产成本——基本生产成本——甲产品　　×××
　　　　　　　　　　　　　　——乙产品　　×××
　　生产成本——辅助生产成本——供电车间　×××
　　　　　　　　　　　　　　——机修车间　×××
　　制造费用　　　　　　　　　　　　　　　×××
　　管理费用　　　　　　　　　　　　　　　×××
　　销售费用　　　　　　　　　　　　　　　×××
　　　贷:原材料　　　　　　　　　　　　　×××
借:基本生产成本——甲产品　　　　　　　　×××
　　　　　　　——乙产品　　　　　　　　×××
　　辅助生产成本——供电车间　　　　　　　×××
　　　　　　　——机修车间　　　　　　　×××
　　制造费用　　　　　　　　　　　　　　　×××
　　管理费用　　　　　　　　　　　　　　　×××
　　销售费用　　　　　　　　　　　　　　　×××
　　　贷:材料成本差异　　　　　　　　　　×××

(二)燃料费用分配的核算

1. 在燃料费用比重较大并与动力费用一起专设"燃料及动力"成本项目的情况下,应增设"燃料"一级账户,并将燃料费用单独进行分配。

2. 直接用于产品生产的燃料费用,应记入"基本生产成本"总账和所属明细账借方的"燃料及动力"成本项目。

3. 车间管理消耗的燃料费用、辅助生产消耗的燃料费用、厂部进行生产经营管理消耗的燃料费用、进行产品销售消耗的燃料费用等,应分别记入"制造费用(基本生产车间)"、"辅助生产成本"、"管理费用"、"销售费用"等账户的费用(或成本)项目。

4. 已领用的燃料费用总额,应记入"燃料"账户的贷方。

（三）低值易耗品摊销的核算

低值易耗品费用是低值易耗品在使用过程中磨损的价值。由于低值易耗品的价值较低且容易磨损，使用期相对较短，因此对低值易耗品费用可以按规定的摊销方法进行分配与核算。现行的低值易耗品摊销方法有三种：一次转销法、分次摊销法、五五摊销法。企业根据各种低值易耗品的实际情况，确定适用的摊销方法。采用一次转销法时，将领用的低值易耗品价值一次计入有关的成本费用，报废低值易耗品的残料价值作为当月低值易耗品摊销额的减少，冲减有关的成本费用。采用分次摊销法时，将领用的低值易耗品价值先记入"待摊费用"或"长期待摊费用"账户，再在预计的受益期内分期均衡地进行摊销并计入各期的成本费用，报废处理与上述方法相同。采用五五摊销法时，在领用低值易耗品时先将一半的价值计入当月的成本费用，报废时再将另一半价值扣除残值后计入报废当月的成本费用。

当期发生的低值易耗品费用，按低值易耗品的用途确定成本费用的项目。为生产产品而直接耗用的，计入"生产成本——基本生产成本"账户的"直接材料"成本项目；属于辅助生产车间耗用的，计入"生产成本——辅助生产成本"账户的"直接材料"成本项目；属于车间管理部门耗用的，先计入"制造费用"账户，再分配计入有关产品的成本。

三、外购动力费用的核算

（一）外购动力费用支出的核算

外购动力费用支出的核算一般分为两种情况：

1. 每月支付动力费用的日期基本固定，而且每月付款日到月末的应付动力费用相差不多，将每月支付的动力费用作为应付动力费用，在付款时直接借记各成本、费用账户，贷记"银行存款"账户。

2. 一般情况下要通过"应付账款"账户核算，即在付款时先作为暂付款处理，借记"应付账款"账户，贷记"银行存款"账户，月末按照外购动力的用途分配费用时再借记各成本、费用账户，贷记"应付账款"账户，冲销原来记入"应付账款"账户借方的暂付款。"应付账款"账户借方所记本月所付动力费用与贷方所记本月应付动力费用往往不相等。如果是借方余额，为本月支付款大于应付款的多付动力费用，可以抵冲下月应付费用；如果是贷方余额，为本月应付款大于支付款的应付未付动力费用，可以在下月支付。

（二）外购动力费用分配的核算

直接用于产品生产的动力费用应该单独地计入产品成本的"燃料及动力"成本项目。

外购动力费用的分配，在有仪表记录的情况下，应根据仪表所示耗用动力的数量以及动力的单价计算；在没有仪表记录的情况下，可按生产工时比例、机器工时比例、定额耗电量比例分配。

外购动力费用的分配通过编制外购动力费用分配表进行。直接用于产品生产设有"燃料及动力"成本项目的动力费用,应单独地记入"基本生产成本"总账账户和所属有关的产品成本明细账和借方;直接用于辅助生产的动力费用、用于基本生产和辅助生产但未专设成本项目的动力费用、用于组织和管理生产经营活动的动力费用,则应分别记入"辅助生产成本"、"制造费用"和"管理费用"总账账户和所属明细账的借方。外购动力费用总额应根据有关转账凭证或付款凭证记入"应付账款"或"银行存款"账户的贷方。应作如下会计分录:

借：基本生产成本——甲产品　　　×××
　　　　　　　　——乙产品　　　×××
　制造费用　　　　　　　　　　　×××
　辅助生产成本——机修车间　　　×××
　　　　　　　——运输车间　　　×××
　管理费用　　　　　　　　　　　×××
　贷：应付账款（银行存款）　　　　×××

如果生产工艺用的燃料和动力没有专门设立成本项目,直接用于产品生产的燃料费用和动力费用,可以分别记入"原材料"成本项目和"制造费用"成本项目,作为原材料费用和制造费用进行核算。

第二节　人　工　费　用

一、人工费用简述

（一）工资及工资总额

工资是企业支付给职工的劳动报酬,是企业对职工在工作中使用知识、技能、消耗时间、精力等而给予的一种补偿。工资总额是企业在一定时期内支付给全体职工的劳动报酬总额,包括计时工资、计件工资、奖金、津贴与补贴、加班加点工资和特殊情况下支付的工资。

（二）应付工资的计算方法

1. 计时工资的计算方法

计时工资是指按计时工资标准和职工工作时间支付的劳动报酬。计算计时工资的依据是企业劳动部门提供的反映职工工资级别及工资标准的"工资卡"和反映职工出勤情况的"考勤记录"。

计算计时工资的方法有月薪制和日薪制两种。

（1）月薪制。按月薪制计算计时工资,不考虑当月的实际日历天数,职工只要出全勤,就可以得到固定的月标准工资。如有缺勤,按规定标准扣薪。故称为"扣缺勤法",又叫"倒扣法"。计算公式如下：

应付计时工资＝月标准工资－缺勤应扣工资

缺勤应扣工资＝缺勤天数×日工资×应扣比例

$$日工资=\frac{月标准工资}{月工作天数}$$

月工作天数通常有两种确定方法：

① 按月平均日历天数计算，即每月 30 天。按月工作日 30 天计算日工资时，对出勤期间的双休日和节假日均作出勤处理；对缺勤期间的双休日和节假日均作缺勤处理。

② 按月平均实际工作日数计算，即每月 20.8 天[(365－104－11)/12≈20.8]。按月工作日 20.8 天计算日工资时，无论出勤或是缺勤均不考虑双休日与节假日的因素。

缺勤包括旷工、事假、六个月以内的短期病假和超过六个月的长期病假。缺勤应扣发工资的比例如下：旷工扣发比例企业根据管理需要自行确定，事假按日工资的 100% 扣发，病假扣发比例如表 3-1 所示。

表 3-1 企业职工病假工资扣发比例一览表

工 龄	连续病假在六个月以内（短病假）					连续病假在六个月以上（长病假）		
	2年以下	2—4年	4—6年	6—8年	8年及以上	不满1年	1—3年	3年及以上
扣发比例(%)	40	30	20	10	0	60	50	40
应发比例(%)	60	70	80	90	100	40	50	60

[例 3-1] 职工李军工龄 7 年，月标准工资为 627 元，本月请事假 6 天（其中双休日 2 天），病假 2 天（其中节假日 1 天），计算应付李军的计时工资。

① 按月工作日 30 天计算

$$日工资=\frac{627}{30}=20.9(元)$$

应付计时工资＝627－6×20.9－2×20.9×10％＝497.42(元)

② 按月工作日 20.8 天计算

$$日工资=\frac{627}{20.8}=30(元)$$

应付计时工资＝627－(6－2)×30－(2－1)×30×10％＝504(元)

(2) 日薪制。采用日薪制计算计时工资，按职工的出勤天数和日标准工资计算应付工资，如有病假按病假期间应发工资比例加计应付工资。故称为"出勤工资

累计法",又称"顺算法"。计算公式如下:

$$应付计时工资 = 出勤天数 \times 日工资 + 病假应发工资$$

$$病假应发工资 = 病假天数 \times 日工资 \times 病假应发比例$$

[例3-2] 承例3-1资料,假定当月日历天数为31天,其中有8天双休日和1天节假日,考勤记录表明,李军本月出勤天数为17天。采用日薪制计算应付李军的计时工资如下:

① 按月工作日30天计算:

$$应付计时工资 = (17+6) \times 20.9 + 2 \times 20.9 \times 90\% = 518.32(元)$$

② 按月工作日20.8天计算:

$$应付计时工资 = 17 \times 30 + 1 \times 30 \times 90\% = 537(元)$$

对计时工资,采用不同的计算方法进行计算,可能会出现不同的结果,但就全年而言最终结果是相同的。企业可以根据本企业实际情况,确定计时工资的计算方法,一经确定不得随意变动。

2. 计件工资的计算方法

计件工资是按照工人生产的产品数量、产品质量和单位计件工资标准计算的劳动报酬。企业计算计件工资的依据是产量记录和单位计件工资标准。计算计件工资的产品数量包括合格品数量和生产中因材料质量问题形成的废品(料废品)数量,不包括在产品生产中因工人的过失而产生的废品(工废品)数量。计件工资的计算包括个人计件工资的计算和集体计件工资的计算。

(1) 个人计件工资的计算。个人计件工资是按个人完成的产品数量和单位计件工资标准计算的工资。个人计件工资计算的公式是:

$$个人计件工资 = \sum (合格品数量 + 料废品数量) \times 单位计件工资$$

(2) 集体计件工资的计算。对需要两人以上共同生产产品的计件工资,要采用集体计件工资的计算方法进行计算。集体计件工资的计算程序及相关公式如下:

① 计算集体计件工资,计算公式与个人计件工资计算公式相同。
② 计算集体计时工资总额,计时工资计算公式如前所述。
③ 计算计件工资分配率。

$$计件工资分配率 = \frac{集体计件工资}{集体计时工资总额}$$

④ 计算每人应得计件工资。

$$某人应得计件工资＝该人计时工资×计件工资分配率$$

3. 其他应付工资的计算

其他应付工资包括奖金、津贴与补贴、加班加点工资和特殊情况下支付的工资。奖金计算在各个企业各不相同，通常采用奖分制计奖或通过一定标准评定奖金。津贴与补贴按国家或企业制定的标准确定。双休日或节假日加班，按国务院规定标准计算加班工资。其他时间加班不足 8 小时为加点，采用计件工资制企业的工人加点，其加点工资仍按计件工资计算，采用计时工资制企业的职工加点按下列公式计算：

$$加点工资＝加点时数×小时工资率$$

$$小时工资率＝\frac{日工资}{8}$$

日工资计算如前所述。

特殊情况下支付的工资是指对职工非劳动时间所支付工资，如职工享受国家规定的休假期间，女职工的产假期间，因工受伤治疗休养期间，职工外出学习、参观、进修、开会期间等所支付的工资，可视同出勤处理。

对职工个人而言，上述各项应付工资额相加之和，即为应付给职工的工资金额。对整个企业而言，每个职工的应付工资金额相加之和，即为应付工资总额。

（三）社会保险费及住房公积金的计算方法

企业为职工交纳的医疗保险费、养老保险费、失业保险费、工伤保险费、生育保险费等社会保险费和职工住房公积金，以及按规定计提的工会经费及职工教育费，均由企业按国家规定的比例进行计算提取。社会保险费用和住房公积金要按规定交纳给社会劳动保障机构及住房公积金管理部门，工会经费及职工教育费按规定处理。上述各项的计算比较简单，只要以工资总额乘以规定比例即可。

二、人工费用分配与核算

（一）工资费用分配与核算

月度终了时要计算出全体职工的应付工资，根据职工的工作岗位在工资费用的受益对象中进行分配。直接从事产品生产的工人工资由各种产品负担；辅助生产车间人员的工资由各辅助车间的劳务或产品负担；各生产车间管理人员的工资由制造费用负担；从事基本建设工作的人员工资由在建工程负担；销售人员的工资由销售费用负担；企业福利机构（如幼儿园、托儿所等）工作人员的工资由职工福利费负担；企业管理人员工资由管理费用负担。对工资费用进行分配，主要是解决生产工人的工资由何种产品负担的问题。

1. 计时工资分配与核算

在计时工资制的企业中，将发生在基本生产车间的生产工人工资计入产品成本有两种方法：只生产单一产品的车间，将生产工人工资直接计入该产品成本计算单中的"直接人工"成本项目；同时生产两种或两种以上产品的车间，将生产工人的工资分配后计入各个产品成本计算单中的"直接人工"成本项目。对工资费用进行分配的分配标准如前所述，一是定额工时；二是实际工时。以实际工时为标准分配的结果比较合理，可以将产品负担的工资费用与劳动生产率相联系，劳动生产率提高，实际工时下降，使负担的工资费用相对减少；劳动生产率下降，实际工时增多，使负担的工资费用相对增加。在同时生产几种产品时，准确取得实际工时记录比较困难，也可以按产品的定额工时分配工资费用。

分配工资费用的公式如下：

$$工资费用分配率 = \frac{被分配的生产工人工资费用}{各种产品实际工时（或定额工时）之和}$$

$$某产品应负担工资费用 = 该产品实际（定额）工时 \times 工资费用分配率$$

工资发放的核算在《中级财务会计》中说明，从略。

2. 计件工资分配与核算

由于计件工资制只适用于产品生产工人的工资计算，因此，计件工资的分配只涉及基本生产车间生产工人的工资分配。无论是个人计件工资还是集体计件工资，都能够分清受益产品，可以将计件工资直接计入各产品成本计算单的"直接人工"成本项目。对生产工人的奖金、补贴、津贴及特殊情况下支付的工资，比照计时工资分配方法进行分配后，再计入各产品的成本之中。计件工资制下工资费用分配及会计处理类同于计时工资制下的工资分配及核算，不再举例说明。

（二）社会保险费及住房公积金的核算

社会保险费及住房公积金的核算包括计提的核算与交纳的核算，在本教材中只说明社会保险费及住房公积金计提的核算，因为社会保险费及住房公积金的计提与成本费用的处理相关。

企业按规定标准计提的社会保险费用、住房公积金及工会经费等，计提后要由各个工资费用受益对象承担，计入相关的成本费用。

在实际工作中，也可以将工资费用分配表与社保及其他费用分配表合并，编制"人工费用分配表"，其格式不作介绍。

第三节 折旧费用和其他费用的核算

一、固定资产折旧费用和修理费用的归集和分配

（一）固定资产折旧费用

1. 折旧计算方法

我国目前采用的折旧计算方法,主要是使用年限法和工作量(或工作时数)法。此外我国会计制度还允许采用双倍余额递减法、年数总和法等加速折旧法。

应注意的是,固定资产每月折旧额按月初固定资产的原值和规定的折旧率计算。即月份内开始使用的固定资产,当月不计算折旧,从下月起计算折旧;月份内减少或停用的固定资产,当月仍计算折旧,从下月起停止计算折旧。

折旧的计提范围,未使用和不需要的固定资产,以及以经营租赁方式租入的固定资产(不是自有固定资产)不计算折旧;房屋和建筑物由于有自然损耗,不论使用与否都应计算折旧,已经计足折旧超龄使用的固定资产不再计算折旧;提前报废的固定资产不补计折旧,其未计足折旧的净损失应计入营业外支出。

2. 折旧费用的归集和分配

折旧费用的分配一般通过编制折旧费用分配表进行。折旧费用一般应按固定资产使用的车间、部门分别记入"制造费用"和"管理费用"等总账账户和所属明细账的借方(在明细账中记入"折旧费"费用项目)。折旧总额应记入"累计折旧"账户的贷方。应编制如下会计分录:

借:制造费用　　　　　　　　　×××
　　辅助生产成本　　　　　　　×××
　　管理费用　　　　　　　　　×××
　　贷:累计折旧　　　　　　　　　×××

(二)固定资产修理费用的归集和分配

二、其他费用支出的核算

其他费用是指除了前面所述各要素以外的费用,包括邮电费、租赁费、印刷费、图书资料报刊办公用品订购费、试验检验费、排污费、差旅费、误餐补助费、交通费补贴、保险费、职工技术培训费等。这些费用应按照发生的车间、部门和用途,借记"制造费用"、"管理费用"等账户,贷记"银行存款"或"现金"等账户。

第四节　辅助费用的归集和分配

一、辅助生产费用核算的特点

(一)辅助生产及辅助生产费用的概念

工业企业的辅助生产,是指主要为基本生产车间、企业行政管理部门等单位提供服务而进行的产品生产和劳务供应。辅助生产车间为生产产品或提供劳务而发生的原材料费用、动力费用、工资及福利费用以及辅助生产车间的制造费用,被称为辅助生产费用。为生产提供一定种类和一定数量的产品和劳务所耗费的辅助生产费用之和,构成该种产品或劳务的辅助生产成本。

(二)辅助生产费用核算的特点

辅助生产费用的核算,包括辅助生产费用的归集和辅助生产费用的分配两个方面。

二、辅助费用的归集

辅助生产费用的归集是辅助生产费用按照辅助生产车间以及产品和劳务类别归集的过程,也是辅助生产产品和劳务成本计算的过程;辅助生产费用的归集是为辅助生产费用的分配作准备,因为只有先归集起来,才能够进行分配。

辅助生产费用的归集和分配,是通过"辅助生产成本"账户进行的。该账户一般应按辅助生产车间,车间下再按产品或劳务种类设置明细账,账中按照成本项目或费用项目设立专栏进行明细核算。辅助生产发生的各项生产费用,应记入"辅助生产成本"账户的借方进行归集。

辅助生产费用归集的程序有两种,相应地"辅助生产成本"明细账的设置方式也有两种。两者的区别在于辅助生产制造费用归集的程序不同。其一,在一般情况下,辅助生产车间的制造费用应先通过"制造费用——辅助生产车间"账户进行单独归集,然后将其转入相应的"辅助生产成本"明细账,从而计入辅助生产产品或劳务的成本。其二,在辅助生产车间规模很小、制造费用很少,而且辅助生产不对外提供商品,因而不需要按照规定的成本项目计算产品成本的情况下,为了简化核算工作,辅助生产的制造费用可以不通过"制造费用——辅助生产车间"明细账单独归集,而是直接记入"辅助生产成本"明细账。

1. 设置"制造费用——辅助生产车间"账户的情况

(1) 对于在"辅助生产成本"明细账中设有专门成本项目的辅助生产费用,如原材料费用、动力费用、工资及福利费用等,发生时应记入"辅助生产成本"总账和所属明细账相应成本项目的借方,其中直接计入费用应直接计入,间接计入费用则需分配计入。

(2) 对于未专设成本项目的辅助生产费用,发生时应先计入"制造费用——辅助生产车间"账户归集,然后再从该账户的贷方直接转入或分配转入"辅助生产成本"账户和所属明细账的借方。

2. 不设置"制造费用——辅助生产车间"账户的情况

"辅助生产成本"总账和明细账内按若干费用项目设置专栏。对于发生的各种辅助生产费用,可直接计入或间接分配计入"辅助生产成本"总账以及所属明细账的相应费用项目。辅助车间发生的各种费用作如下会计处理:

借:辅助生产成本——机修车间　　　×××
　　　　　　　　　——供电车间　　　×××
　贷:原材料　　　　　　　　　　　　×××
　　　应付职工薪酬　　　　　　　　　×××
　　　累计折旧　　　　　　　　　　　×××
　　　长期待摊费用等　　　　　　　　×××

三、辅助费用的分配

辅助费用的分配就是将归集的各辅助生产成本在其收益对象之间采用适当的分配方法进行分配。辅助生产费用的分配就是指按照一定的标准和方法，将辅助生产费用分配到各受益单位或产品上去的过程。分配的及时性和准确性，影响到基本生产产品成本、经营管理费用以及经营成果核算的及时性和准确性。辅助生产费用分配的核算，是辅助生产费用核算的关键。

由于辅助生产车间既可能生产产品又可能提供劳务，对于所生产的产品如工具、模具、修理用备件等，应在产品完工时从"辅助生产成本"账户的贷方分别转入"低值易耗品"、"原材料"等账户的借方；对于所提供的劳务作业如供水、供电、修理和运输等所发生的辅助生产费用，通常于月末在各受益单位之间按照一定的标准和方法进行分配后，从"辅助生产成本"账户的贷方转入"基本生产成本"、"制造费用"、"管理费用"、"营业费用"、"在建工程"等有关账户的借方。

辅助生产费用的分配是通过编制辅助生产费用分配表进行的。

通常采用的辅助生产费用的分配方法有：直接分配法、交互分配法、代数分配法和计划成本分配法。

1. 直接分配法

直接分配法是将待分配的辅助生产费用直接分配给辅助生产车间以外的各受益产品、部门，而不考虑各辅助生产车间相互消耗的费用的一种分配方法。这种方法简便易行但正确程度不高，适用于辅助生产车间相互不提供产品、劳务或提供产品、劳务较少的情况。其计算公式如下：

$$\text{某种劳务费用的分配率} = \frac{\text{待分配的劳务费用}}{\text{提供的该劳务总量} - \text{其他辅助生产车间耗用该劳务量}}$$

某受益单位应分配的劳务量＝该劳务费用的分配率×该受益对象耗用的劳务量

2. 交互分配法

交互分配法的特点是在分配费用时，首先将费用在辅助生产车间之间进行分配，然后重新确认辅助生产车间待分配费用，之后再将费用按直接分配法在各受益单位之间进行分配。这种方法的关键环节是在交互分配后重新确认辅助生产车间的费用。

$$\text{交互分配前的劳务单位成本} = \frac{\text{待分配费用}}{\text{该辅助生产车间提供的劳务总量}}$$

某辅助生产车间分配劳务量＝该辅助生产车间耗用劳务量×交互分配前的劳务单位成本

某辅助生产车间的实际费用＝交互分配前的费用＋交互分配转入的费用－交

互分配转出的费用

$$\frac{\text{交互分配后的}}{\text{劳务单位成本}} = \frac{\text{某辅助生产车间的实际费用}}{\text{提供的该劳务总量} - \text{其他辅助生产车间耗用该劳务量}}$$

某受益对象应负担的费用＝该受益对象耗用的劳务量×交互分配后的劳务单位成本

3. 计划成本分配法

计划成本分配法的特点是企业首先制定辅助生产车间单位劳务的计划单价，并按计划单价计算各受益单位应负担的计划费用，然后计算各受益单位调整后的计划成本，与实际成本进行比较以确定其差异，再将差异按照直接分配法在各受益单位之间进行分配，也可以将差异全部转入"管理费用"。这种分配方法的关键在于确定实际成本与计划成本之间的差异。

4. 顺序分配法

顺序分配法是将各辅助生产车间按受益多少的顺序排列，受益少的排列在前，先将其费用分配出去。受益多的排列在后，在接受了其他辅助生产车间费用分配后，再对外分配的一种辅助生产费用的分配方法。

5. 代数分配法

代数分配法的特点是运用辅助生产车间待分配的费用与所提供的劳务量之间的相关关系列方程，以求解辅助生产车间单位劳务成本，进而求得各受益单位应负担的费用金额的数学方法。

以上几种方法可列表3-2加以比较。

表3-2 几种辅助生产费用分配方法比较

项目	适用的范围	优点	缺点	说明
直接分配法	辅助生产车间相互不提供劳务，或提供劳务较少	计算工作简单，简便易行	分配结果准确度不高	省略辅助生产车间之间分配工作
交互分配法	辅助生产车间相互提供劳务较多	计算结果较为准确	计算分配的手续较为复杂	先在辅助生产车间之间分配，然后再对外分配
计划成本分配法	有计划单价且比较符合实际	利于考核辅助生产车间经济利益	分配结果受计划单价影响较大	为简化核算也可将差异直接转入"管理费用"
顺序分配法	相互提供劳务差别较大，且相互耗用有明显顺序	计算分配工作较简单	计算结果不够准确	受益少的排列在先，受益多的排列在后
代数分配法	实行电算化的企业	分配结果最准确	计算手续较复杂	联立多元一次方程式

第五节　制造费用的归集和分配

一、制造费用核算概述

企业在生产产品的过程中,除了消耗原材料、燃料动力、人工费用、接受辅助生产车间提供的产品或劳务外,还会发生其他有关费用。如车间管理人员的工资,厂房、机器、设备的折旧,车间管理部门为管理产品生产而发生的其他管理费用等。对在组织产品生产过程中所发生的管理费用,以及在产品生产过程中发生而不能直接归属到所制造产品成本中的各种生产费用称为制造费用。随着整个社会科学技术的不断进步,企业生产自动化程度的不断提高,生产管理手段的不断更新,使企业的制造费用在产品成本中所占的比重不断上升,从而对制造费用进行管理和核算显得越来越重要。

（一）制造费用的范围

企业制造费用的范围广、内容多、情况比较复杂,通常包括三类:

1. 直接用于产品生产未单独设置成本项目的费用

这类制造费用主要有:未单独设置"燃料及动力"成本项目的企业所发生的用于产品生产的动力费用;专门用于某产品生产的机器设备的折旧费、修理费、租赁费、保险费;生产车间的低值易耗品摊销费;图纸设计费和产品试验检验费用等。

2. 间接用于产品生产不能单设产品成本项目的费用

这是企业在生产过程中经常发生的费用,内容比较多。通常包括生产用的房屋、建筑物、机器、设备的折旧费用、修理费用、保险费用及租赁费用;机物料消耗费用;车间的照明、取暖、降温、通风、除尘等费用;工人的劳动保护费用;发生的季节性停工或固定资产大修理期间停工所造成的损失等。

3. 为组织和管理产品生产而发生的费用

这是车间(分厂)管理机构及人员在日常生产管理过程中发生的费用,主要有生产管理人员的工资及按规定提取并交纳的社会保险费用;生产管理部门使用的固定资产折旧费用、修理费用、保险费用及租赁费用;生产管理过程中使用低值易耗品的摊销费用;管理部门发生的照明、取暖、降温、通信、出差、办公费用等。

上述发生在生产过程中的费用构成制造费用的核算范围。为了统一核算口径,便于资料对比,可以根据企业实际情况设置制造费用的费用项目,归类反映制造费用的构成。制造费用的明细项目一般设置为:职工薪酬、折旧费、保险费、租赁费、低值易耗品摊销、水电费、取暖费、运输费、差旅费、办公费、机物料消耗、劳动保护费、设计制图费、试验检验费、在产品损耗、停工损失等。

（二）制造费用核算的账户设置

为了正确反映制造费用的发生和分配情况,企业要设置"制造费用"账户进行核算。该账户的借方登记发生的各项制造费用,贷方登记分配转销的制造费用,分配后一般无余额。为了反映不同生产车间发生的制造费用,要按车间分设明细账户,采用多栏式账页进行明细分类核算。

二、制造费用归集的核算

企业发生的制造费用内容复杂,项目较多,本教材以折旧费用和其他费用为例,说明制造费用归集的核算。

(一)折旧费用的核算

折旧费用是固定资产在使用过程中因磨损而转移到成本费用中去的价值。计提固定资产折旧的方法通常有年限平均法、工作量法、双倍余额递减法和年数总和法等,已经在《中级财务会计》中讲述。对计提的固定资产折旧费用,通过编制"固定资产折旧费用分配表"进行分配,计入有关的成本费用账户。

(二)其他费用的核算

其他费用是指除在本教材讲述过的各种生产费用以外的各项费用,如邮电费、办公费、保险费、差旅费、租赁费、排污费、绿化费、报刊杂志费、交通补助费、误餐费、利息、费用性税金等。根据其他费用的发生地点、费用性质及费用受益对象的不同,应分别计入"制造费用"、"管理费用"、"销售费用"和"财务费用"等账户。由于费用的发生有直接支付、转账核销、预提待付、已付待摊等不同方式,在核算上也不一致。

直接支付方式是企业发生费用的主要形式,如支付日常的办公费、邮电费、绿化费、交通补贴费、误餐费、购买办公用品、报销出差费用等。发生时借记有关成本费用账户,贷记银行存款或库存现金等账户。

转账核销方式是通过转账形式确定当期费用的方式,如提取固定资产折旧费用、摊销无形资产价值、计提有关的资产减值准备等。在每月月终时进行会计处理,借记有关成本费用账户,贷记累计折旧、无形资产、存货跌价准备等账户。

预提待付方式是每月均按照权责发生制原则确定当期应负担的费用,到约定付款期再支付费用款的方式,如每月预提的借款利息费用等。在预提时借记财务费用等账户,贷记应付利息账户,到期支付或使用后核销时再冲减应付利息。

已付待摊方式是在支付受益期较长的费用后,通过分期摊销计入各期成本费用的方式,如支付一定期间的广告费、保险费、租赁费等。支付费用款时借记长期待摊费用账户,贷记银行存款等账户,按受益期均衡摊销时再列入当期的成本费用账户。其他费用的具体核算方法在《中级财务会计》中讲述。

三、制造费用分配与核算

企业按生产车间归集的制造费用,要根据受益原则进行分配,计入本车间生产的产品成本之中。制造费用进行分配的方法较多,主要有工时比例法、工资比例法、机时比例法、年度计划分配率法等,企业可以根据实际情况选择使用,但不得随意变更已经确定的制造费用分配方法。

（一）工时比例法

工时比例法是按照各种产品所耗生产工人工时的比例分配制造费用的方法。分配公式如下：

$$某车间制造费用分配率=\frac{该车间制造费用额}{该车间实际生产工时总量}$$

某产品应负担的制造费用＝该产品所耗工时×该车间制造费用分配率

采用工时比例法分配制造费用，使制造费用的分配与劳动生产率相结合，分配结果比较合理，在实际工作中应用较广泛。为保证分配结果的正确，分配公式中的工时应按实际消耗工时计算。在没有实际工时记录时，也可以按定额工时分配制造费用。

（二）工资比例法

工资比例法是按照计入各种产品成本的生产工人工资比例分配制造费用的方法。分配公式如下：

$$某车间制造费用分配率=\frac{该车间制造费用额}{该车间生产工人工资总额}$$

某产品应负担制造费用＝该产品负担的生产工人工资×该车间制造费用分配率

采用工资比例法分配制造费用，分配依据容易取得，但其正确性受机械化程度的影响较大。机械化程度越高的产品，负担的生产工人工资额相对较少，负担的制造费用就少；反之负担的制造费用就多。因此使用工资比例法时要注意各种产品的机械化程度应当基本相近。值得说明的是如果计入产品成本的生产工人工资是按工时比例分配的，则工资比例分配法与工时比例分配法对制造费用进行分配的结果是相同的。

（三）机时比例法

机时比例法是按照各种产品所消耗的机器工时比例分配制造费用的方法。分配公式如下：

$$某车间制造费用分配率=\frac{该车间制造费用额}{该车间所耗机时总额}$$

某产品应负担制造费用＝该产品耗用的机时×该车间制造费用分配率

在机械化程度较高的企业中，机器设备成为生产的主要因素，按照机器工时比例分配制造费用就显得更为合理。采用机时比例法要有完整的机器工时原始记录，才能正确分配制造费用。

（四）年度计划分配率法

年度计划分配率法是企业在正常生产经营条件下，依据年度制造费用预算数与各种产品预计产量的相关定额标准（如工时、机时等）确定计划分配率，并以此分配制造费用的方法。分配公式如下：

$$某车间制造费用计划分配率 = \frac{该车间年度制造费用预算数}{\sum(该车间每种产品计划产量 \times 标准单位定额)}$$

某产品应负担制造费用＝该产品实际产量×标准单位定额×车间制造费用计划分配率

采用年度计划分配率法分配制造费用后，必定会使实际归集的制造费用与按计划分配率分配的制造费用之间产生差异。对两者之间的差异，可在年末按 12 月份制造费用计划分配额为标准再进行一次分配。对实际制造费用大于已分配的计划制造费用的差异，补记入各产品的生产成本；对实际制造费用小于已分配的计划制造费用的差异，用红字冲回多记的产品生产成本。

制造费用差异额的分配公式如下：

$$制造费用差异分配率 = \frac{年度制造费用差异额}{当年12月份制造费用计划分配额}$$

$$某产品应负担制造费用差异额 = 该产品12月份负担的制造费用额 \times 制造费用差异分配率$$

采用年度计划分配率分配制造费用，分配手续简便，有利于及时计算产品成本，适用于季节性生产企业，使单位产品负担的制造费用相对均衡。为保证产品成本计算的正确性，要求采用年度计划分配率的企业有比较准确的定额标准和较高的计划管理水平。

无论采用何种方法分配制造费用，都要将分配结果编制制造费用分配表。并根据制造费用分配表编制会计分录。

根据会计分录（记账凭证）登记制造费用明细账后，一般会结平各个制造费用明细账户。但在采用年度计划分配率分配制造费用的企业中，由于存在制造费用分配差异，在月末分配制造费用后，很可能会有余额存在，只有在年末分配制造费用差异并将差异分配结果记入各制造费用明细账后，才能结平各个制造费用明细账户。

以上几种方法可用表 3－3 列示如下：

表3-3 几种制造费用分配法

项目	分配标准	分配率	某产品应分配数	适用范围	特征
实际工时比例分配法	实际生产工时	制造费用总额÷各种产品实际生产工时之和	该产品实际生产工时×分配率	制造费用的发生与生产工时有密切关系	制造费用账户期末没有余额
生产工人工资比例分配法	生产工人工资	制造费用总额÷各种产品生产工人工资总额	该产品生产工人工资×分配率	制造费用的发生与生产工时有密切关系	制造费用账户期末没有余额
机器工时比例分配法	机器工时	制造费用总额÷各种产品机器工时之和	该产品实际机器工时×分配率	制造费用的发生与机器工时有密切关系	制造费用账户期末没有余额
年度计划分配率分配法	—	全年计划制造费用总额÷全年各种产品计划产量的定额工时总数	实际产量的定额工时×年度计划分配率	季节性生产企业	制造费用账户期末有余额

第六节 生产损失的核算

一、废品损失的核算

（一）废品与废品损失的概念

1. 废品的含义

废品是指不符合规定的技术标准，不能按照原定用途使用或者需要加工修理才能使用的在产品、半成品或产成品。不论是在生产过程中发现的废品，还是在入库后发现的废品都应包括在内。

2. 废品的种类

废品分为可修复废品和不可修复废品两种。可修复废品，是指经过修理可以使用，而且所花费的修复费用在经济上合算的废品；不可修复废品，则指不能修复或者所花费的修复费用在经济上不合算的废品。

3. 废品损失的含义

废品损失包括在生产过程中发现的和入库后发现的不可修复废品的生产成本，以及可修复废品的修复费用，扣除回收的废品残料价值和应由过失单位或个人赔款以后的损失。

注意下列不属于废品损失的内容：

（1）应由过失人赔偿的废品损失。

(2) 不需要修复可降价出售的不合格品的出售损失。

(3) 实行"三包"的产品发生的"三包"损失。

(4) 产品入库后发生的由于管理不善等原因而损坏变质的损失。

质量检验部门发现废品时,应该填制废品通知单,列明废品的种类、数量、生产废品的原因和过失人等。成本会计人员应该会同检验人员对废品通知单所列废品生产的原因和过失人等项目加强审核。只有经过审核的废品通知单,才能作为废品损失核算的根据。

(二) 废品损失的归集和分配

1. 不可修复废品损失的核算

进行不可修复废品损失的核算,先应计算截至报废时已经发生的废品生产成本,然后扣除残值和应收赔款算出废品损失。不可修复废品的生产成本,可按废品所耗实际费用计算,也可按废品所耗定额费用计算。

(1) 按废品所耗实际费用计算

在采用按废品所耗实际费用计算的方法时,由于废品报废以前发生的各项费用是与合格产品一起计算的,因而要将废品报废以前与合格品计算在一起的各项费用,采用适当的分配方法,在合格品与废品之间进行分配,计算出废品的实际成本,从"基本生产成本"科目的贷方转入"废品损失"科目的借方。

如果废品是在完工以后发现的,这时单位废品负担的各项生产费用应与单位合格品完全相同,可按合格品产量和废品的数量比例分配各项生产费用,计算废品的实际成本。按废品的实际费用计算和分配废品损失符合实际,但核算工作量较大。

(2) 按废品所耗定额费用计算

在按废品所耗定额费用计算不可修复废品的成本时,废品的生产成本则按废品的数量和各项费用定额计算。按废品的定额费用计算废品的定额成本,由于费用定额事先规定,不仅计算工作比较简便,而且还可以使计入产品成本的废品损失数额不受废品实际费用水平高低的影响。也就是说废品损失大小只受废品数量差异(差量)的影响,不受废品成本差异(价差)的影响,从而有利于废品损失和产品成本的分析和考核。但是采用这一方法计算废品生产成本,必须具备准确的消耗定额和费用定额资料。

2. 可修复废品损失的核算

可修复废品返修发生的各种费用,应根据各种费用分配表记入"废品损失"科目的借方。其回收的残料价值和应收的赔款,应从"废品损失"科目的贷方转入"原材料"和"其他应收款"科目的借方。废品修复费用减去残料和赔款后的废品净损失,也应从"废品损失"科目的贷方转入"基本生产成本"科目的借方,在所属有关的产品成本明细账中,记入"废品损失"成本科目。

在不单独核算废品损失的企业中,不设立"废品损失"科目和成本项目,只在回收废品残料时,借记"原材料"科目,贷记"基本生产成本"科目,并从所属有关产品成本明细账的"原材料"成本项目中扣除残值价值。"基本生产成本"科目和所属有关产品成本明细账归集的完工产品总成本,除以扣除废品数量以后的合格品数量,就是合格品的单位成本。

3. 废品损失核算的账务处理

(1) 不可修复废品的生产成本,应根据不可修复废品计算表:

借:废品损失　　　　　　　×××
　　贷:基本生产成本　　　　　　×××

(2) 可修复废品的修复费用,应根据各种费用分配表:

借:废品损失　　　　　　　×××
　　贷:原材料　　　　　　　　×××
　　　　应付职工薪酬　　　　　×××
　　　　制造费用　　　　　　　×××

(3) 废品残料的回收价值和应收的赔款,应从"废品损失"科目的贷方转出:

借:原材料(或其他应收款)　×××
　　贷:废品损失　　　　　　　×××

(4) "废品损失"科目上述借方发生额大于贷方发生额的差额,就是废品损失,分配转由本月同种产品的成本负担:

借:基本生产成本　　　　　×××
　　贷:废品损失　　　　　　　×××

通过上述归集和分配,"废品损失"科目月末没有余额。

二、停工损失的核算

(一) 停工损失的概念

停工损失是指生产车间或车间内某个班组在停工期间发生的各项费用,包括停工期间发生的原材料费用、工资及福利费和制造费用等。应由过失单位或保险公司负担的赔款,应从停工损失中扣除。为了简化核算工作,停工不满一个工作日的,一般不计算停工损失。

(二) 停工损失的核算方法

为了单独核算停工损失,在会计科目中应增设"停工损失"科目;在成本项目中应增设"停工损失"项目。"停工损失"科目是为了归集和分配停工损失而设立的。该科目应按车间设立明细账,账内按成本项目分设专栏或专行,进行明细核算。停工期间发生应该计入停工损失的各种费用,都应在该科目的借方归集:借记"停工损失"科目,贷记"原材料"、"应付职工薪酬"和"制造费用"等科目。归集在"停工损失"科目借方的停工损失,其中应取得赔偿的损失和应计入营业外支出的损失,应从该科目的贷方分别转入"其他应收款"和"营业外支出"科目的借方;应计入产品成本的损失,则应从该科目的贷方分别转入"基本生产成本"科目的借方。应计入产品成本的停工损失,如果停工的车间只生产一种产品,应直接记入该种产品成本明细账的"停工损失"成本项目;如果停工的车间生产多种产品,则应采用适当的分配方法(如采用类似于分配制造费用的方法),分配记入该车间各种产品成本明细账的"停工损失"成本项目。

注意区分季节性生产企业在季节性停工期间费用的归集和分配与非季节性生产企业在停工期间发生的费用。

第七节 生产费用在完工产品和在产品之间的分配方法

一、在产品数量的确定及清查核算

(一)在产品数量的核算

在产品是指没有完成全部生产过程,不能作为商品销售的产品。

企业在生产过程中发生的生产费用,经过在各种产品之间进行分配和归集,应计入本月各种产品成本的生产费用,都已集中反映在"基本生产成本"账户和所属各种产品成本明细账中。月末,企业生产的产品有三种情况:一是产品已全部完工,产品成本明细账中归集的生产费用(如果有月初在产品,还包括月初在产品费用)之和,就是该完工产品的成本;二是如果当月全部产品都没有完工,产品成本明细账中归集的生产费用之和,就是该种在产品的成本;三是如果既有完工产品又有在产品,产品成本明细账中归集的生产费用之和,应在完工产品和月末在产品之间采用适当的分配方法,进行生产费用的归集和分配,以计算完工产品和月末在产品的成本。

月初在产品费用、本月生产费用与本月完工产品费用、月末在产品费用之间的关系,可以用下列公式表达:

月初在产品费用+本月生产费用=本月完工产品费用+月末在产品费用

公式的前两项是已知数,后两项是未知数,前两项的费用之和,在完工产品和月末在产品之间采用一定的方法进行分配。分配的方法有二:一是先计算确定月末在产品成本,然后倒算出完工产品成本;二是将公式前两项之和按照一定比例在完工产品和月末在产品之间进行分配,同时求得完工产品成本和月末在产品成本。

无论采用哪一种方法,各月末在产品的数量和费用的大小以及数量或费用变化的大小,对于完工产品成本计算都有很大影响。欲计算完工产品的成本,需取得在产品增减动态和实际结存的数量资料,因而须正确组织在产品收发结存的数量核算。

(二)在产品清查的核算

为了核实在产品的数量,保护在产品的安全完整,企业必须认真做好在产品的清查工作。清查可以定期进行,也可以不定期进行。清查时,应根据盘点结果和账面资料编制在产品盘存表,填制在产品的账面数、实存数和盘盈盘亏数以及盈亏的原因和处理意见等。对于报废和毁损的在产品,还应登记其残值。成本核算人员应对在产品的清查结果进行审核,并进行如下账务处理:

清查中发现在产品盘盈时:

借:基本生产成本　　　　　　　　　　　　×××
　　贷:待处理财产损益——待处理流动资产损益　×××

经过批准进行处理时:

借:待处理财产损益——待处理流动资产损益　×××
　　贷:制造费用　　　　　　　　　　　　　×××

清查中发现在产品盘亏和毁损时:

借:待处理财产损益——待处理流动资产损益　×××
　　贷:基本生产成本　　　　　　　　　　　×××

经批准后分清原因进行处理:

借:原材料　　　　　　　　　　　　　　×××
　　其他应收款　　　　　　　　　　　　×××
　　营业外支出　　　　　　　　　　　　×××
　　制造费用　　　　　　　　　　　　　×××
　　贷:待处理财产损益——待处理流动资产损益　×××

二、分配方法

通过以上核算企业已将某产品所发生的费用归集在该核算对象的产品成本计算单中,根据产品成本金额四要素的关系,即:

$$月初在产品成本+本月生产成本=月末在产品成本+完工产品成本$$

在上述四要素中,等式左边是已知的,如何来确定等式右边的金额,这是本节核算的关键问题。通常有两大类方法,一是先确定在产品成本,然后倒计出完工产品成本;二是将生产费用之和采用适当的比例分配法在完工产品和在产品之间分配。其具体内容如下:

(一)不计算期末在产品成本

不计算在产品成本法即假设在产品的成本为零,因而全部生产费用由完工产品承担,即:

$$月初在产品成本+本月生产费用发生额=完工产品成本$$

（二）期末在产品成本按年初固定数计算法

假设月末在产品成本在一个会计年度内的各月是相等的，那么每月末可以用一个固定的数额作为在产品的成本，完工产品成本按下列公式进行计算：

月初在产品成本＋本月生产费用发生额－月末在产品成本固定数

这种方法适用于各月月末在产品结存数量较少，或者虽然在产品结存数量较多，但各月月末在产品数量稳定、起伏不大的产品。采用在产品按年初数固定计算的方法，对于每年年末在产品，则需要根据实际盘存资料，采用其他方法计算在产品成本，以免在产品以固定不变的成本计价延续时间太长，使在产品成本与实际出入过大而影响产品成本计算的正确性和导致企业存货资产反映失实。

（三）在产品成本按所耗原材料费用计价法

假设在产品的成本结构中，加工费用的结构比较低，那么在计算在产品成本时，可以将加工费全部分配给完工产品，而在产品仅承担原材料费用。将原材料费用在完工产品和在产品之间进行分配时采用的分配标准有完工产品和在产品的产量、体积等。

这种方法适用于各月在产品数量多，各月在产品数量变化较大，且原材料费用在产品成本中所占比重较大的产品。

（四）约当产量比例分配法

首先将在产品的产量按其完工程度折合为相当于完工产品的产量，然后按照在产品的约当产量和完工产品产量的比例关系对生产费用进行分配。由于生产产品时，企业采用的投料方式不同，因而原材料费用和加工费用在折合约当产量时运用的完工程度系数不同。

约当产量比例法适用范围较广，特别适用于月末在产品数量较大，各月末在产品数量变化也较大，产品成本中原材料费用和工资及福利费等加工费用所占的比重相差不多的产品。其计算公式如下：

月末在产品约当产量＝月末在产品结存产量×在产品完工百分比

$$费用分配率 = \frac{月初在产品成本＋本月生产费用}{完工产品产量＋月末在产品约当产量}$$

完工产品总成本＝完工产品产量×费用分配率

月末在产品成本＝月末在产品约当产量×费用分配率

约当产量法下，应分别按产品成本项目计算月末在产品的约当产量，根据不同的约当产量分配不同成本项目的费用。

企业生产产品所耗用的原材料有可能是在生产开始时一次性投入的，这时完工产品和月末在产品都视同完工程度为100%的产品，约当产量为完工产品数量与月末在产品数量之和。

采用约当产量比例法,必须正确计算月末在产品的约当产量,而在产品约当产量正确与否,主要取决于在产品完工程度的测定,测定在产品完工程度的方法一般有两种:一种是平均计算完工率,即一律按50%作为各工序在产品的完工程度。另一种是各工序分别测算完工率。可以按照各工序的累计工时定额占完工产品工时定额的比率计算,事前确定各工序在产品的完工率。计算公式如下:

$$\text{某工序在产品完工率} = \frac{\text{前面各工序工时定额之和} + \text{本工序工时定额} \times 50\%}{\text{产品工时定额}}$$

式中,本工序工时定额之所以乘以50%,是因为该工序中各件在产品的完工程度不同,为简化完工率的测算工作,在本工序一律按平均完工率50%计算。在产品在上一道工序转入下一道工序时,因为上一道工序已完工,所以前面各工序的工时定额应按100%计算。

如果原材料费用不是在生产开始时一次投入,而是随着生产进度陆续投料,原材料费用按约当产量比例法分配时,应按每一工序的原材料消耗定额分别计算在产品的完工率(或投料率)。

(五)定额比例分配法

首先用本月投入产品的实际费用或实际消耗量与完工产品和在产品的定额费用或定额消耗量计算分配率,然后用分配率将完工产品和在产品的定额费用或定额消耗量调整成实际成本或实际消耗量。此法的关键是计算完工产品和在产品的分配率。其中:原材料费用按原材料费用定额消耗量或原材料定额费用比例分配;工资和福利费、制造费用等各项加工费用,按定额工时或定额费用比例分配。

这种方法适用于各项消耗定额或费用定额比较准确、稳定,但各月末在产品数量变化较大的产品。

采用定额比例法时,如果原材料费用按定额原材料费用比例分配,各项加工费用均按定额工时比例分配,其分配计算公式如下:

$$\text{费用分配率} = \frac{\text{月初在产品费用} + \text{本月生产费用}}{\text{完工产品定额原材料费用或定额工时} + \text{月末在产品定额原材料费用或定额工时}}$$

或:

$$\text{费用分配率} = \frac{\text{月初在产品费用} + \text{本月生产费用}}{\text{月初在产品定额原材料费用或定额工时} + \text{本月投入原材料定额费用或定额工时}}$$

注:以定额原材料费用为分母算出的费用分配率,是原材料的费用分配率;以定额工时为分母算出的费用分配率,是工资及福利费等各项加工费用的分配率。

完工产品实际原材料费用 = 完工产品定额原材料费用 × 原材料费用分配率

月末在产品实际原材料费用 = 月末在产品定额原材料费用 × 原材料费用分配率

$$\text{或月末在产品实际原材料费用} = \text{月初在产品实际原材料费用} + \text{本月实际原材料费用} - \text{完工产品实际原材料费用}$$

完工产品某项加工费用＝完工产品定额工时×该项费用分配率

月末在产品某项加工费用＝月末在产品定额工时×该项费用分配率

（六）在产品成本按定额成本计算法

首先以在产品的定额单价计算在产品的定额成本，完工产品实际成本可用倒挤的方法计算，计算公式为：

$$\text{完工产品成本} = \text{月初在产品的定额成本} + \text{本月生产费用发生额} - \text{月末在产品定额成本}$$

在产品定额成本的计算公式为：

在产品直接材料定额成本＝在产品数量×材料消耗定额×材料计划单价

在产品直接人工定额成本＝在产品数量×工时定额×计划小时工资率

在产品制造费用定额成本＝在产品数量×工时定额×计划小时费用率

（七）在产品成本按完工产品成本计算法

当在产品的完工程度接近完工产品时或在产品已经完工但未办理入库手续时，可以将在产品作为完工产品，将生产费用按在产品和完工产品的数量比例进行分配。

三、完工产品成本的结转

根据上述分配，企业即可计算出完工产品成本。根据"成本计算单"结转本期的完工产品成本，作会计分录如下：

借：库存商品——甲产品　　　　×××
　　　　　　——乙产品　　　　×××
　　贷：基本生产成本——甲产品　　×××
　　　　　　　　　　——乙产品　　×××

第八节　期间费用的核算

期间费用是指企业当期发生的直接计入损益的费用，包括管理费用、财务费用和销售费用。

一、管理费用的核算

1. 管理费用的内容

管理费用是指企业为组织和管理生产经营所发生的各项费用。

2. 管理费用的核算

会计处理如下：

借：管理费用 ×××
  贷：累计折旧 ×××
    银行存款 ×××
    应付职工薪酬等 ×××

期末做会计处理：

借：本年利润 ×××
  贷：管理费用 ×××

二、财务费用的核算

1. 财务费用的内容

财务费用是指企业为筹集生产经营资金等发生的费用。

2. 财务费用的核算

会计处理如下：

借：财务费用 ×××
  贷：银行存款 ×××
    应付票据 ×××
    应收账款等 ×××

期末做会计处理：

借：本年利润 ×××
  贷：财务费用 ×××

三、销售费用的核算

1. 销售费用的内容

销售费用是指企业销售过程中发生的费用。

2. 销售费用的核算

会计处理如下：

借：销售费用 ×××
  贷：累计折旧 ×××
    银行存款 ×××
    应付职工薪酬等 ×××

期末做会计处理：

借：本年利润 ×××
  贷：销售费用 ×××

第二部分 实务训练

实训一:生产过程中发生的各种产品成本要素的会计处理

【实训目的】

练习生产过程中发生的各种产品成本要素的会计处理。

【实训资料】

中闽工具有限公司是一家专业生产、设计出口锌合金压铸系列产品、红酒开瓶器、酒具、酒吧套件、酒类配件、厨房系列工具以及木制品等的机械设备生产企业,假设设有一个基本生产车间(一车间)专业生产A、B两种产品,采用"品种法"核算产品成本。设有机修车间与锅炉车间两个辅助生产车间,分别为基本生产车间和其他管理部门提供修理劳务和蒸汽。基本生产车间发生的制造费用通过"制造费用"账户核算,辅助生产车间发生的制造费用直接记入辅助生产成本。辅助生产车间提供的劳务采用"交互分配法"进行分配。

2010年1月,该公司产品成本核算的基本资料如下:

(1)当月A、B产品产量分别为1 000件、2 000件,无月末在产品;A、B产品的甲材料单耗定量为5千克、2千克。

(2)本月一车间消耗的生产工时共计16 500小时,其中:A产品10 500小时,B产品6 000小时。

2010年1月,该公司有关产品成本核算资料如下:

(1)仓库送来"发出材料明细表"如表3-4所示:

表3-4 中闽工具有限公司发出材料明细表　　附领料单15张
2010年1月　　　　　　　　　　　　　　　　　　金额单位:元

材料类别	品名	发出数量	单位成本	金额	用途
原材料	甲材料	9 000千克	10.0	90 000	A、B产品耗用
原材料	乙材料	4 500千克	12.0	54 000	B产品领用
原材料	丙材料	2 000千克	60.0	120 000	A产品领用
原材料	丙材料	150千克	60.0	9 000	公司办公室领用
燃料	大同煤	22吨	400.0	8 800	锅炉车间领用
辅助材料	010材料	80千克	25.0	2 000	机修车间领用

续表

材料类别	品　名	发出数量	单位成本	金　额	用　途
辅助材料	011材料	500千克	13.0	6 500	机修车间领用
修理备件	E配件	15只	30.0	450	一车间修理领用
修理备件	F配件	12只	60.0	720	一车间修理领用
合　计				291 470	

仓库主任　王华　　　　　　　复核　李敏　　　　　　　制单　陈志明

(2) 中闽工具有限公司总电表记录表明当月耗用电力49 500度,每度电价0.8元。各分电表记录如下:一车间生产A、B产品用电34 000度(不单设"燃料及动力"成本项目);一车间照明用电500度;机修车间用电8 000度;锅炉车间用电5 000度;公司办公用电2 000度。

(3) 本月"工资费用汇总表"如表3-5所示;该公司按职工工资总额的36%计提社保费用及住房公积金。

表3-5　工资费用汇总表

2010年1月31日　　　　　　　　　　　　　金额单位:元

车间、部门	岗位	应付职工薪酬			合计金额
		计件工资	计时工资	其他工资	
一车间	生产A产品工人	32 000		8 000	40 000
	生产B产品工人	21 000		5 000	26 000
	管理人员		5 000	1 000	6 000
锅炉车间	生产人员		3 200	800	4 000
机修车间	机修人员	8 000		2 000	10 000
幼儿园	工作人员		1 500	500	2 000
公司管理部门	管理人员		12 000	4 000	16 000
销售部门	营销人员		10 000	3 000	13 000
合　计		61 000	31 700	24 300	117 000

该公司按职工工资总额的36%计提社保费用及住房公积金。

(4) 计提固定资产折旧如表3-6所示(折旧额由学员填列):

表 3-6 中闰工具有限公司固定资产折旧明细表

2010 年 1 月 31 日　　　　　　　　　　金额单位：元

车间名称	固定资产类别	折旧计提基数	月折旧率	月折旧额
一车间	房屋	3 000 000	0.3%	
	设备	1 500 000	0.8%	
锅炉车间	房屋	400 000	0.3%	
	设备	500 000	0.8%	
机修车间	房屋	1 000 000	0.3%	
	机器、设备	1 500 000	0.8%	
合　计				

（5）财会部门为辅助生产车间以现金支付日常办公费用为：锅炉车间 400 元；机修车间 635 元。

（6）辅助生产车间本月提供的劳务量如表 3-7 所示：

表 3-7 中闰工具有限公司辅助生产车间提供劳务情况明细表

2010 年 1 月 31 日

接受劳务部门	辅助生产车间		备　注
	锅炉车间（吨）	机修车间（工时）	
锅炉车间		50	
机修车间	500		
一车间	3 000	2 420	生产 A、B 产品
公司管理部门	500	30	
合　计	4 000	2 500	

（7）财会部门为一车间支付日常办公费用 1 273 元。

【实训要求】

（1）根据实训资料填制有关原始凭证，编制各种生产费用分配表（计算结果准确到元）。

（2）根据实训资料或费用分配表编制记账凭证。

（3）开设 A、B 产品的基本生产成本明细账，一车间的制造费用明细账，机修车间与锅炉车间的辅助生产成本明细账，并根据记账凭证登记上述各个明细账户。

（4）根据辅助生产成本明细账中归集的辅助生产费用，采用交互分配法分配计入各受益对象的成本费用项目。

（5）根据制造费用明细账记录，将归集的制造费用采用工时比例法进行分配，计入 A、B 产品成本。

（6）确定 A、B 产品本月发生的生产费用，为后项实训提供相关的成本资料。

【实训用表】

（1）原材料费用分配表

原材料费用分配表

　　　　　　　　　　　　年　　月　　日　　　　　　　　金额单位：元

应借账户			成本或费用项目	间接计入费用			直接计入费用	合计
总账账户	二级账户	明细账户		消耗定量	分配率	分配额		
合　　计								

会计主管　　　　　　　　　　　　复核　　　　　　　　制单

（2）动力费用分配表

其他费用分配表由学员参照教材中相关生产费用分配表格式自行设计。

外购动力费用分配表

　　　　　　　　　　　　年　　月　　日　　　　　　　　金额单位：元

应借账户			成本或费用项目	电力耗用量			费用分配率	合计
总账账户	二级账户	明细账户		实际工时	分配率	仪表记录		
合　　计								

会计主管　　　　　　　　　　　　复核　　　　　　　　制单

【实训用纸】

摘 要	总账科目	明细科目	借方 百十万千百十元角分	√	贷方 百十万千百十元角分	√
	合 计					

记账凭证　　　　第 号
　　　年　月　日　　　附件 张

会计主管　　　　记账　　　　复核　　　　制单

摘 要	总账科目	明细科目	借方 百十万千百十元角分	√	贷方 百十万千百十元角分	√
	合 计					

记账凭证　　　　第 号
　　　年　月　日　　　附件 张

会计主管　　　　记账　　　　复核　　　　制单

摘 要	总账科目	明细科目	借方 百十万千百十元角分	√	贷方 百十万千百十元角分	√
	合 计					

记账凭证　　　　第 号
　　　年　月　日　　　附件 张

会计主管　　　　记账　　　　复核　　　　制单

		记 账 凭 证				第 号	
		年 月 日				附件 张	
摘 要	总账科目	明细科目	借 方 百十万千百十元角分	✓	贷 方 百十万千百十元角分	✓	
		合 计					
会计主管		记账		复核		制单	

		记 账 凭 证				第 号	
		年 月 日				附件 张	
摘 要	总账科目	明细科目	借 方 百十万千百十元角分	✓	贷 方 百十万千百十元角分	✓	
		合 计					
会计主管		记账		复核		制单	

		记 账 凭 证				第 号	
		年 月 日				附件 张	
摘 要	总账科目	明细科目	借 方 百十万千百十元角分	✓	贷 方 百十万千百十元角分	✓	
		合 计					
会计主管		记账		复核		制单	

摘 要	总账科目	明细科目	借 方 百十万千百十元角分	√	贷 方 百十万千百十元角分	√
	合 计					

记 账 凭 证　　第 号
年 月 日　　附件 张

会计主管　　　　记账　　　　复核　　　　制单

摘 要	总账科目	明细科目	借 方 百十万千百十元角分	√	贷 方 百十万千百十元角分	√
	合 计					

记 账 凭 证　　第 号
年 月 日　　附件 张

会计主管　　　　记账　　　　复核　　　　制单

摘 要	总账科目	明细科目	借 方 百十万千百十元角分	√	贷 方 百十万千百十元角分	√
	合 计					

会计主管　　　　记账　　　　复核　　　　制单

记账凭证

第 号
　　年 月 日　　　　　　　　　附件 张

摘 要	总账科目	明细科目	借方 百十万千百十元角分	✓	贷方 百十万千百十元角分	✓
合 计						

会计主管　　　　　记账　　　　　复核　　　　　制单

记账凭证

第 号
　　年 月 日　　　　　　　　　附件 张

摘 要	总账科目	明细科目	借方 百十万千百十元角分	✓	贷方 百十万千百十元角分	✓
合 计						

会计主管　　　　　记账　　　　　复核　　　　　制单

记账凭证

第 号
　　年 月 日　　　　　　　　　附件 张

摘 要	总账科目	明细科目	借方 百十万千百十元角分	✓	贷方 百十万千百十元角分	✓
合 计						

会计主管　　　　　记账　　　　　复核　　　　　制单

记 账 凭 证

第 号　　　年 月 日　　　附件 张

摘要	总账科目	明细科目	借方 百十万千百十元角分	√	贷方 百十万千百十元角分	√
	合　计					

会计主管　　　记账　　　复核　　　制单

记 账 凭 证

第 号　　　年 月 日　　　附件 张

摘要	总账科目	明细科目	借方 百十万千百十元角分	√	贷方 百十万千百十元角分	√
	合　计					

会计主管　　　记账　　　复核　　　制单

记 账 凭 证

第 号　　　年 月 日　　　附件 张

摘要	总账科目	明细科目	借方 百十万千百十元角分	√	贷方 百十万千百十元角分	√
	合　计					

会计主管　　　记账　　　复核　　　制单

辅助生产成本明细账 总第 页

辅助生产车间：机修车间　　产品或劳务：修理劳务　　字第 页

××年		凭证	摘要	成本项目			合计
月	日	字号		直接材料	直接人工	制造费用	

辅助生产成本明细账 总第 页

辅助生产车间：锅炉车间　　产品或劳务：水蒸气　　字第 页

××年		凭证	摘要	成本项目			合计
月	日	字号		直接材料	直接人工	制造费用	

制造费用明细账

车间名称：一车间　　　　　　　　　　　　　　　　　　　总第　页
　　　　　　　　　　　　　　　　　　　　　　　　　　　　字第　页

××年		凭证号数	摘要	借方	贷方	借或贷	余额	(借)方项目					
月	日							物料消耗	薪酬	办公费	折旧费	水电费	保险费	其他费用

基本生产成本明细账

产品名称：A　　生产车间：一车间　　投产时间：　　　　　总第　页
　　　　　　　　　　　　　　　　　　　　　　　　　　　　字第　页

××年		凭证字号	摘要	产量(公斤)	成本项目			合计
月	日				直接材料	直接人工	制造费用	

基本生产成本明细账

产品名称：B　　生产车间：一车间　　投产时间：　　　　　总第　页
　　　　　　　　　　　　　　　　　　　　　　　　　　　　字第　页

××年		凭证字号	摘要	产量(公斤)	成本项目			合计
月	日				直接材料	直接人工	制造费用	

实训二：生产费用在完工产品与月末在产品之间分配的实训

【实训目的】

练习生产费用在完工产品与月末在产品之间的分配方法。

【实训资料】

2010年1月，中闰工具有限公司一车间已经归集的A产品生产费用和B产品生产费用见前面实训结果：基本生产成本明细账中A产品与B产品的账户记录。A、B两种产品的材料均在生产开始时一次投入。A产品需要经过三道工序，B产品只需要一道工序。

其他有关资料分别为：

(1) 各工序的工时定额如表3-8所示：

表3-8 产品工时定额表

产品名称	工时定额			
	一工序	二工序	三工序	合计
A产品	4	6	10	20
B产品		6		6

(2) 月末，一车间对A、B产品的月末在产品进行实地盘点，盘点结果如表3-9所示：

表3-9 月末在产品盘存表

2010年1月31日

品名	单位	生产工序			合计
		一	二	三	
A产品	件	20	40	40	100
B产品	件		80		80

(3) 本月产品入库情况如表3-10所示：

表3-10 产品入库单

2010年1月31日

产品名称	单位	入库数量	备注
A产品	件	900	
B产品	件	1 920	

【实训要求】

(1) 采用约当产量法确定月末在产品的材料费用约当产量和其他费用约当产量,编制"月末在产品约当产量计算表"。

(2) 在本期完工产品与月末在产品之间分配生产费用,确定月末在产品成本与完工产品成本,编制 A、B 产品的"生产费用分配表"(在产品成本计算准确至元)。

(3) 根据 A、B 产品的"生产费用分配表"及产品入库单,编制完工产品入库的记账凭证(凭证接第一部分实训业务连续编号)。

(4) 根据记账凭证登记"基本生产成本明细账"。

【实训用表】

(1) 约当产量计算表。

月末在产品材料费用约当产量计算表

生产车间:　　　　　　　　　　年　月　日

项　目	在　产　品				完工产品
	一工序	二工序	三工序	合计	
投料比例					
在产品数量					
材料消耗比例					
约当产量					

会计主管　　　　　　　　　　复核　　　　　　　　　　制单

月末在产品其他费用约当产量计算表

生产车间:　　　　　　　　　　年　月　日

项　目	在　产　品				完工产品
	一工序	二工序	三工序	合计	
工时定额					
在产品数量					
完工程度					
约当产量					

会计主管　　　　　　　　　　复核　　　　　　　　　　制单

(2) 生产费用分配表。

A产品生产费用分配表

生产车间：　　　　　　　　　　　年　月　日　　　　　　　　金额单位：元

项　目	成本项目			合计
	直接材料	直接人工	制造费用	
期初在产品成本				
本月发生生产费用				
本月生产费用合计				
本期完工产品数量				
月末在产品数量				
在产品约当产量				
约当总产量				
费用分配率				
月末在产品成本				
完工产品总成本				
完工产品单位成本				

会计主管　　　　　　　　　　　复核　　　　　　　　　　　制单

B产品生产费用分配表

生产车间：　　　　　　　　　　　年　月　日　　　　　　　　金额单位：元

项　目	成本项目			合计
	直接材料	直接人工	制造费用	
期初在产品成本				
本月发生生产费用				
本月生产费用合计				
本期完工产品数量				
月末在产品数量				
在产品约当产量				
约当总产量				
费用分配率				
月末在产品成本				
完工产品总成本				
完工产品单位成本				

会计主管　　　　　　　　　　　复核　　　　　　　　　　　制单

【实训用纸】

记 账 凭 证　　　　　　　第　号
年　月　日　　　　　　　　附件　张

摘　要	总账科目	明细科目	借　方 百十万千百十元角分	√	贷　方 百十万千百十元角分	√
	合　计					

会计主管　　　　　　记账　　　　　　复核　　　　　　制单

第四章 产品成本核算的基本方法

第一部分 知识回顾

第一节 产品成本核算方法的概述

一、产品生产的特点

1. 工艺过程的特点：单步骤生产和多步骤生产两种类型。

2. 生产组织的特点：

大量生产：不断重复生产相同品种产品的生产。

成批生产：按照事先规定的产品批别和数量，或根据订货者的需要，分批进行若干种产品的生产。

单件生产：按照需用单位的要求，生产结构和性能特殊、个别的产品的生产。

二、生产特点对产品成本计算的影响

1. 对确定成本计算对象的影响

从生产工艺过程特点看：

(1) 单步骤生产由于工艺过程不能间断，必须以产品为成本计算对象，按产品品种分别计算成本；(2) 多步骤连续加工式生产，需要以步骤为成本计算对象，既按步骤又按品种计算各步骤半成品成本和产品成本；(3) 多步骤平行式加工生产，不需要按步骤计算半成品成本，而以产品品种为成本计算对象。

从产品生产组织特点看：

(1) 在大量生产情况下，只能按产品品种为成本计算对象计算产品成本；(2) 大批生产，不能按产品批别计算成本，而只能按产品品种为成本计算对象计算产品成本；(3) 如果大批生产的零件、部件按产品批别投产，也可按批别或件别为成本计算对象计算产品成本；(4) 小批、单件生产，由于产品批量小，一批产品一般可以同时完工，可按产品批别为成本计算对象计算产品成本。

2. 对确定成本计算期的影响

在大量、大批生产中,由于生产连续不断地进行,每月都有完工产品,因而产品成本要定期在每月末进行,与生产周期不一致。在小批、单件生产中,产品成本只能在某批、某件产品完工以后计算,因而成本计算是不定期进行的,而与生产周期一致。

3. 对确定生产费用的归集、分配方法和程序的影响

在单步骤生产中,生产费用不必在完工产品与在产品之间进行分配。

在多步骤生产中,是否需要在完工产品与在产品之间分配费用,很大程度上取决于生产组织的特点。在大量、大批生产中,由于生产不间断进行,而且经常有在产品,因而在计算成本时,就需要采用适当的方法,将生产费用在完工产品与在产品之间进行分配。

在小批、单件生产中,如果成本计算期与生产周期一致,在每批、每件产品完工前,产品成本明细账中所登记的生产费用就是月末在产品的成本;完工后,所登记的费用就是完工产品的成本,因而不存在完工产品与在产品之间分配费用的问题。

上述三方面是相互联系、相互影响的,其中生产类型对成本计算对象的影响是主要的。不同的成本计算对象决定了不同的成本计算期和生产费用在完工产品与在产品之间的分配。因此,成本计算对象的确定,是正确计算产品成本的前提,也是区别各种成本计算方法的主要标志。具体来说包括以下三种:以产品品种为成本计算对象;以产品批别为成本计算对象;以产品生产步骤为成本计算对象。

三、管理要求对产品成本计算的影响

管理要求对成本计算方法的影响主要有:

1. 单步骤生产或管理上不要求分步骤计算成本的多步骤生产,以品种或批别为成本计算对象,采用品种法或分批法。

2. 管理上要求分步骤计算成本的多步骤生产,以生产步骤为成本计算对象,采用分步法。

3. 在产品品种、规格繁多的企业,管理上要求尽快提供成本资料,简化成本计算工作,可采用分类法计算产品成本。

4. 在定额管理基础较好的企业,为加强定额管理工作,可采用定额法。

四、产品成本计算的主要方法

(一) 产品成本计算的基本方法

为了适应各类型生产的特点和不同的管理要求,在产品成本计算工作中存在着三种不同的成本计算对象,从而有三种不同的成本计算方法:以产品品种为成本计算对象的产品成本计算方法,称为品种法。以产品批别为成本计算对象的产品成本计算方法,称为分批法。以产品生产步骤为成本计算对象的产品成本计算方法,称为分步法。

受企业生产类型特点和管理要求的影响,产品成本计算对象包括分品种、分批和分步骤三种,所以上述以不同成本计算对象为主要标志的三种成本计算方法是产品成本计算的基本方法,属计算产品实际成本必不可少的方法。

品种法是成本计算基本方法中最基本的一种方法。

(二) 产品成本计算的辅助方法

在产品品种、规格繁多的工业企业,为了简化成本计算工作,还应用着一种简便的成本计算方法——分类法。

在定额管理基础较好的工业企业,还应用着一种将符合定额的生产费用和脱离定额差异分别核算,保证成本计划、定额的完成的一种产品成本计算方法——定额法。

产品成本计算的辅助方法一般应与基本方法结合起来使用,而不能单独使用。

$$\text{基本方法} \begin{cases} \text{品种法} \\ \text{分批法} \\ \text{分步法} \end{cases}$$

$$\text{辅助方法} \begin{cases} \text{定额法} \\ \text{分类法} \end{cases}$$

第二节 产品成本核算方法的品种法

一、品种法的基本特点

品种法也称简单法,基本法。其特点是:成本核算对象是产品的品种;成本计算期与会计报告期相同;一般情况下没有在产品,因而生产费用不需要在完工产品和在产品之间进行分配。适用简单生产企业。

二、品种法的应用程序

(1) 根据领料单、产量记录、折旧计算表、工资计算表等凭证编制要素费用分配表和摊提费用分配表。

(2) 根据要素费用分配表和摊提费用分配表登记"产品成本明细账"、"制造费用明细账"、"辅助生产明细账"和"废品损失明细账"。

(3) 分配辅助生产费用。

(4) 分配制造费用。

(5) 计算和结转废品损失。

(6) 结转完工产品成本和在产品成本。

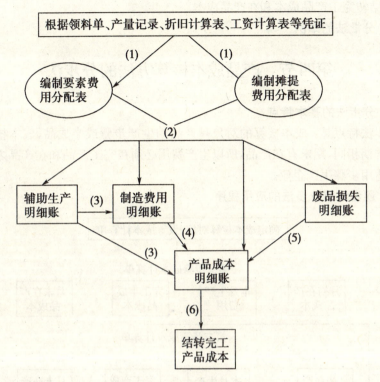

图4-1 品种法应用程序框图

三、品种法的举例

第三节 产品成本核算方法的分批法

一、分批法的基本特点

分批法特点是：成本核算对象是产品的批别；成本核算期与生产周期相同；一般没有在产品，生产费用不需要在完工产品和在产品之间进行分配。使用以定单生产的企业，因此也叫定单法。

二、分批法的应用程序

1. 根据领料单、产量记录、折旧计算表、工资计算表等凭证编制要素费用分配表和摊提费用分配表。

2. 根据要素费用分配表和摊提费用分配表登记"产品成本明细账"、"制造费用明细账"、"辅助生产明细账"和"废品损失明细账"。

3. 分配辅助生产费用。

4. 分配制造费用。

5. 计算和结转废品损失。

6. 结转完工产品成本和在产品成本。

三、分批法的举例

第四节　产品成本核算方法的分步法

一、分步法的基本特点

分步法特点是：成本核算的对象是产品的生产步骤或半成品，成本核算期与会计报告期相同，期末有在产品，所以生产费用必须在完工产品和在产品之间进行分配。适用步骤生产企业。

二、逐步结转分步法的应用程序

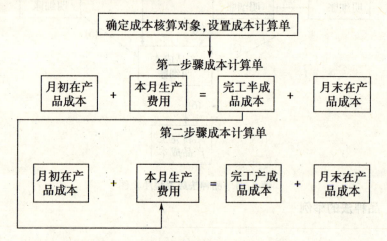

图4-2　逐步结转分步法应用程序框图

三、平行结转分步法的应用程序

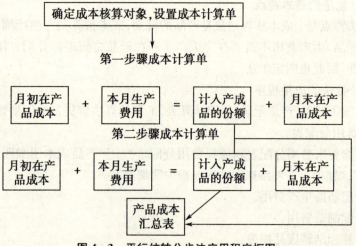

图4-3　平行结转分步法应用程序框图

第二部分 实务训练

实训一：品种法实训

【实训目的】

练习产品成本计算的品种法。

【实训资料】

甜甜食品厂是一家小型企业，主营饼干的生产与销售业务。该厂的基本生产车间是饼干车间，大量生产蛋元饼干和曲奇饼干两种产品，采用封闭式的流水线生产，饼干的主要原料为面粉、植物油、鸡蛋、食糖等。还设有一个机修车间，为企业提供各种修理劳务。该企业的原材料根据生产需要领用，并在领用后一次投入（车间内期初期末均无材料余额），领用的鸡蛋按定额消耗比例分配，其定额为百公斤蛋元饼干消耗 10 公斤鸡蛋，百公斤曲奇饼干消耗鸡蛋 5 公斤。其他原材料 60% 用于蛋元饼干生产，40% 用于曲奇饼干的生产。饼干车间工人的薪酬和制造费用按生产工时比例分配，机修车间费用按修理工时比例分配。两种饼干均采用约当产量法计算完工产品成本和月末在产品成本。企业发生的费用均用转账支票支付。

甜甜食品厂 2011 年 3 月有关经济业务的原始凭证和相关资料如下：

(1) 上月末的相关资料如表 4-1、表 4-2 所示：

表 4-1　生产车间月末在产品盘存单

车间：饼干车间　　　　　　2011 年 2 月 28 日　　　　　　　　第 1 联

在产品名称	型号规格	单位	盘点数量	单位成本	总成本	在产品完工率
蛋元饼干		公斤	1 860			50%
曲奇饼干		公斤	1 580			50%

主管：　　　　　审核：　　　　　保管：张鹏　　　　　盘点：谢刚

表 4-2　月末在产品成本

2011 年 2 月 28 日　　　　　　　　　　　　　　　　　　　单位：元

产　品	直接材料	直接人工	制造费用	合　计
蛋元饼干	9 580	1 860	1 230	12 670
曲奇饼干	7 900	1 580	1 100	10 580

(2) 本月的相关资料如表 4-3 至表 4-19 所示：

表4-3 领料汇总表

部门：饼干车间　　　　2011年3月31日

用途＼项目	材料名称	单位	数量	单价(元)	金额	备注
生产饼干用	植物油	公斤	2 000	16.00	32 000	

主管：　　　　领料人：许围　　　　审核：　　　　发料人：张辉

②转财务科

表4-4 领料汇总表

部门：饼干车间　　　　2011年3月31日

用途＼项目	材料名称	单位	数量	单价(元)	金额	备注
生产饼干用	苏打	公斤	500	10.00	5 000	

主管：　　　　领料人：许围　　　　审核：　　　　发料人：张辉

②转财务科

表4-5 领料汇总表

部门：饼干车间　　　　2011年3月31日

用途＼项目	材料名称	单位	数量	单价(元)	金额	备注
生产饼干用	面粉	公斤	20 000	3.00	60 000	

主管：　　　　领料人：许围　　　　审核：　　　　发料人：张辉

②转财务科

表4-6 领料汇总表

部门：饼干车间　　　　2011年3月31日

用途＼项目	材料名称	单位	数量	单价(元)	金额	备注
生产饼干用	鸡蛋	公斤	2 400	6.00	14 400	

主管：　　　　领料人：许围　　　　审核：　　　　发料人：张辉

②转财务科

表 4-7　领料汇总表

部门：饼干车间　　　　　　　2011 年 3 月 31 日

项目 用途	材料名称	单位	数量	单价(元)	金额	备注
生产饼干用	食糖	公斤	5 000	3.80	19 000	

主管：　　　　　　领料人：许围　　　　　审核：　　　　　发料人：张辉

②转财务科

表 4-8　领料汇总表

部门：饼干车间　　　　　　　2011 年 3 月 31 日

项目 用途	材料名称	单位	数量	单价(元)	金额	备注
生产一般用	食用添加剂	公斤	250	60.00	15 000	

主管：　　　　　　领料人：许围　　　　　审核：　　　　　发料人：张辉

②转财务科

表 4-9　领料单

部门：机修车间　　　　　　　2011 年 3 月 11 日

项目 用途	材料名称	单位	数量	单价(元)	金额	备注
修理用	专用漏斗	只	30	20	600	

主管：　　　　　　领料人：许围　　　　　审核：　　　　　发料人：张辉

②转财务科

表 4-10　领料单

部门：机修车间　　　　　　　2011 年 3 月 11 日

项目 用途	材料名称	单位	数量	单价(元)	金额	备注
一般用	手套	双	20	2	40	

主管：　　　　　　领料人：许围　　　　　审核：　　　　　发料人：张辉

②转财务科

表 4-11 工资结算汇总表

2011 年 3 月 31 日　　　　　　　　　　　　　　　单位：元

部　门	各类人员	基本工资	奖　金	津　贴	合　计
饼干车间	生产饼干工人	40 000	3 600	1 200	44 800
	管理人员	3 500	700		4 200
机修车间	修理工人	4 500	1 000	300	5 800
	管理人员	2 000	500		2 500
合　计		50 000	5 800	1 500	57 300

会计主管：　　　　　　　　审核：　　　　　　　　制表：郭全福

表 4-12 社保费用计提表

2011 年 3 月 31 日　　　　　　　　　　　　　　　单位：元

部　门	各类人员	工资总额	计提比例	计提金额
饼干车间	生产饼干工人	44 800	36%	16 128
	管理人员	4 200	36%	1 512
机修车间	修理工人	5 800	36%	2 088
	管理人员	2 500	36%	900
合　计		57 300	36%	20 628

会计主管：　　　　　　　　审核：　　　　　　　　制表：郭全福

表 4-13 固定资产折旧计算表

2011 年 3 月　　　　　　　　　　　　　　　　　　单位：元

使用单位和固定资产类别		原值	年折旧率（%）	上月计提折旧额	上月增加固定资产的原值	上月减少固定资产的原值	本月应计提折旧额
饼干车间	厂房	600 000	4	2 000			2 000
	设备	500 000	6	2 500			2 500
	合计	1 100 000		4 500			4 500
机修车间	厂房	180 000	4	600			600
	设备	50 000	6	250			250
	合计	230 000		850			850

会计主管：　　　　　　　　审核：　　　　　　　　制表：郭全福

表 4-14　外购动力费用分配表

供电单位：市电力公司　　　　　　2011 年 3 月　　　　　　　　　　单位：元

部　门	耗电量	单　价	金　额
饼干车间	14 200	1.00	14 200
机修车间	5 800	1.00	5 800
合　计	20 000		20 000

会计主管：　　　　　　　　　审核：　　　　　　　　　制表：郭全福

表 4-15　长期待摊费用分摊表

2011 年 3 月　　　　　　　　　　　　　　　　　　　　　　　　　单位：元

部　门	应摊保险费	租赁资产改良支出摊销	合　计
饼干车间	2 500	1 100	3 600
机修车间	800	200	1 000
合　计	3 300	1 300	4 600

会计主管：　　　　　　　　　审核：　　　　　　　　　制表：郭全福

表 4-16　办公费用及其他费用分配表

2011 年 3 月　　　　　　　　　　　　　　　　　　　　　　　　　单位：元

部　门	办公费用	其他费用	金　额
饼干车间	9 000	1 800	10 800
机修车间	3 000	500	3 500
合　计	12 000	2 300	14 300

会计主管：　　　　　　　　　审核：　　　　　　　　　制表：郭全福

表 4-17　产品成本入库单

交库单位：饼干车间　　　　2011 年 3 月 29 日　　　　　　编号：

产材料名称	型号规格	单位	交付数量	检查结果 合格	检查结果 不合格	实收数量	备注
蛋元饼干		公斤	16 300	16 300		16 300	
曲奇饼干		公斤	10 800	10 800		10 800	

②转财务科

车间送库(盖章)杭天　　　　　检验(盖章)　　　　　仓库经收(盖章)王易

表 4-18　生产车间月末在产品盘存单

车间：饼干车间　　　　　2011 年 3 月 31 日　　　　　　　　　　第 1 联

在产材料名称	型号规格	单位	盘点数量	单位成本	总成本	在产品完工率
蛋元饼干		公斤	3 080			50%
曲奇饼干		公斤	2 250			50%

主管：　　　　　　审核：　　　　　　保管：张鹏　　　　　　盘点：谢刚

表 4-19　定额消耗量、工时记录

部　　门		生产工时	修理工时	定额消耗比例
饼干车间	蛋元饼干	7 360		60%
	曲奇饼干	5 440		40%
	一般		700	
企业管理部门			220	
合　　计		12 800	920	100%

主管：　　　　　　审核：　　　　　　　　　　　　　记录员：杭天

【实训要求】

(1) 开设蛋元饼干和曲奇饼干的基本生产成本明细账、机修车间的辅助生产成本明细账和饼干车间的制造费用明细账。

(2) 对所给资料进行审核、整理与分析，编制各种费用分配表。

(3) 根据编制的费用分配表编制相应的记账凭证。

(4) 根据记账凭证登记开设的产品生产成本费用明细账。

(5) 对归集的辅助生产费用和制造费用按要求进行分配，并编制记账凭证。

(6) 根据归集的生产费用在完工产品与月末在产品进行分配，计算蛋元饼干和曲奇饼干的总成本和单位成本。

【实训用纸】

记　账　凭　证　　　　　　　　　第　号
年　月　日　　　　　　　　　　附件　张

摘　要	总账科目	明细科目	借　方								√	贷　方								√
			百	十	万	千	百	十	元	角	分		百	十	万	千	百	十	元	角	分	
合　　计																						

会计主管　　　　　　记账　　　　　　复核　　　　　　制单

记账凭证

			年 月 日		第 号 附件 张	
摘 要	总账科目	明细科目	借 方 百十万千百十元角分	√	贷 方 百十万千百十元角分	√
		合 计				

会计主管　　　　　记账　　　　　复核　　　　　制单

记账凭证

			年 月 日		第 号 附件 张	
摘 要	总账科目	明细科目	借 方 百十万千百十元角分	√	贷 方 百十万千百十元角分	√
		合 计				

会计主管　　　　　记账　　　　　复核　　　　　制单

记账凭证

			年 月 日		第 号 附件 张	
摘 要	总账科目	明细科目	借 方 百十万千百十元角分	√	贷 方 百十万千百十元角分	√
		合 计				

会计主管　　　　　记账　　　　　复核　　　　　制单

记 账 凭 证　　　　　　　　　第　号
年　月　日　　　　　　　　　附件　张

摘　要	总账科目	明细科目	借　方 百十万千百十元角分	√	贷　方 百十万千百十元角分	√
合　计						

会计主管　　　　　　记账　　　　　　复核　　　　　　制单

记 账 凭 证　　　　　　　　　第　号
年　月　日　　　　　　　　　附件　张

摘　要	总账科目	明细科目	借　方 百十万千百十元角分	√	贷　方 百十万千百十元角分	√
合　计						

会计主管　　　　　　记账　　　　　　复核　　　　　　制单

记 账 凭 证　　　　　　　　　第　号
年　月　日　　　　　　　　　附件　张

摘　要	总账科目	明细科目	借　方 百十万千百十元角分	√	贷　方 百十万千百十元角分	√
合　计						

会计主管　　　　　　记账　　　　　　复核　　　　　　制单

第四章 产品成本核算的基本方法

			记 账 凭 证			第　号		
			年　月　日			附件　张		
摘　要	总账科目	明细科目	借　方		✓	贷　方		✓
			百十万千百十元角分			百十万千百十元角分		
	合　计							

会计主管　　　　　记账　　　　　复核　　　　　制单

			记 账 凭 证			第　号		
			年　月　日			附件　张		
摘　要	总账科目	明细科目	借　方		✓	贷　方		✓
			百十万千百十元角分			百十万千百十元角分		
	合　计							

会计主管　　　　　记账　　　　　复核　　　　　制单

			记 账 凭 证			第　号		
			年　月　日			附件　张		
摘　要	总账科目	明细科目	借　方		✓	贷　方		✓
			百十万千百十元角分			百十万千百十元角分		
	合　计							

会计主管　　　　　记账　　　　　复核　　　　　制单

记 账 凭 证　　　　　　　第　号
年　月　日　　　　　　　　附件　张

摘　要	总账科目	明细科目	借　方		贷　方	
			百十万千百十元角分	√	百十万千百十元角分	√
	合　　计					

会计主管　　　　　　记账　　　　　　复核　　　　　　制单

记 账 凭 证　　　　　　　第　号
年　月　日　　　　　　　　附件　张

摘　要	总账科目	明细科目	借　方		贷　方	
			百十万千百十元角分	√	百十万千百十元角分	√
	合　　计					

会计主管　　　　　　记账　　　　　　复核　　　　　　制单

原材料费用分配表

年　月　日　　　　　　　　　　　　　金额单位：元

应借账户			成本或费用项目	鸡　蛋			其他材料		合计
总账账户	二级账户	明细账户		定额耗量	分配率	分配额	分配率	金　额	

续表

应借账户			成本或费用项目	鸡 蛋			其他材料		合计
总账账户	二级账户	明细账户		定额耗量	分配率	分配额	分配率	金 额	

会计主管　　　　　　　　　复核　　　　　　　　　制单

工资及社保费用分配表

年　月　日　　　　　　　金额单位：元

应借账户			成本项目或费用项目	工 资			社保费	
总账账户	二级账户	明细账户		实际工时	分配率	分配金额	提取率	社保费用

会计主管　　　　　　　　　复核　　　　　　　　　制单

固定资产折旧费用分配表

年　月　日　　　　　　　金额单位：元

应借账户			成本项目或费用项目	费用金额
会计账户	二级账户	明细账户		
	折旧费用合计			

会计主管　　　　　　　　　复核　　　　　　　　　制单

外购动力费用分配表

年　月

应借账户			成本项目或费用项目	费用金额
会计账户	二级账户	明细账户		
外购动力费用合计				

会计主管　　　　　　　　　复核　　　　　　　　　制单

长期待摊费用及其他费用分配表

年　月　日　　　　　　　　　　　　　单位：元

应借科目		待摊费用		
总账科目	明细科目	应摊保险费	固定资产改良支出摊销	合　计
制造费用	饼干车间			
	机修车间			
合　　计				

会计主管　　　　　　　　　复核　　　　　　　　　制单

外购办公费用及其他费用分配表

年　月　日　　　　　　　　　　　　　单位：元

应借科目		支付费用项目		合　计
总账科目	明细科目	办公费用	其他费用	
合　　计				

会计主管　　　　　　　　　复核　　　　　　　　　制单

辅助生产费用分配表（直接分配法）

年　月　日　　　　　　　　　　　　　金额单位：元

项　　目	机修车间	金额合计
归集的辅助生产费用		
提供给辅助车间以外的劳务量		
辅助费用分配率		

续表

项目			机修车间	金额合计
应借账户	制造费用	饼干车间	接受劳务量	
			应负担费用	
	管理费用		接受劳务量	
			应负担费用	
	分配费用额合计			

会计主管　　　　　　复核　　　　　　制单

制造费用分配表

车间名称：饼干车间　　　　　　年　月　日

应借科目		分配标准（生产工时）	分配率	分配金额（元）
合　计				

会计主管　　　　　　复核　　　　　　制单

蛋元饼干生产费用分配表

生产车间：饼干车间　　　　　　年　月　日　　　　　　金额单位：元

项目	成本项目			金额合计
	直接材料	直接人工	制造费用	
月初在产品成本				
本月发生生产费用				
本月生产费用合计				
本月完工产品数量				
月末在产品数量				
在产品约当产量				
约当总产量				
费用分配率				
月末在产品成本				
完工产品总成本				
完工产品单位成本				

会计主管　　　　　　复核　　　　　　制单

曲奇饼干生产费用分配表

生产车间：饼干车间　　　　　　　　　　年　月　日　　　　　　　　金额单位：元

项　目	成本项目			金额合计
	直接材料	直接人工	制造费用	
月初在产品成本				
本月发生生产费用				
本月生产费用合计				
本月完工产品数量				
月末在产品数量				
在产品约当产量				
约当总产量				
费用分配率				
月末在产品成本				
完工产品总成本				
完工产品单位成本				

会计主管　　　　　　　　　　　复核　　　　　　　　　　　制单

产品成本计算单

产品名称：蛋元饼干　　　　　　　年　月　日　　　　　　本月完工：
　　　　　　　　　　　　　　　　　　　　　　　　　　　　月末在产品：

项　目	直接材料	直接人工	制造费用	合　计
月初在产品成本				
本月生产费用				
生产费用合计				
完工产品成本				
单位成本				
月末在产品成本				

产品成本计算单

产品名称：曲奇饼干　　　　　　　　　年　月　日　　　　　　本月完工：
　　　　　　　　　　　　　　　　　　　　　　　　　　　　　　月末在产品：

项　　目	直接材料	直接人工	制造费用	合　计
月初在产品成本				
本月生产费用				
生产费用合计				
完工产品成本				
单位成本				
月末在产品成本				

制造费用明细账

车间名称：机修车间　　　　　　　　　　　　　　　　　　　　总第　页
　　　　　　　　　　　　　　　　　　　　　　　　　　　　　　字第　页

××年		凭证号数	摘要	借方	贷方	借或贷	余额	（借）方项目					
月	日							物料消耗	薪酬	办公费	折旧费	水电费	保险费	其他费用

辅助生产成本明细账

辅助生产车间：机修车间　　　　产品或劳务：修理劳务　　　　　总第　页
　　　　　　　　　　　　　　　　　　　　　　　　　　　　　　字第　页

××年		凭证		摘　要	成本项目			合　计
月	日	字	号		直接材料	直接人工	制造费用	

制造费用明细账

车间名称：饼干车间　　　　　　　　　　　　　　　　　　　　总第　页　字第　页

××年		证号数	摘要	借方	贷方	借或贷	余额	(借)方项目					
月	日							物料消耗	人工费用	折旧费	水电费	保险费	其他费用	机修费用

基本生产成本明细账

产品名称：蛋元饼干　　生产车间：饼干车间　　投产时间：　　　　　　总第　页　字第　页

××年		凭证		摘要	产量(公斤)	成本项目			合计
月	日	字	号			直接材料	直接人工	制造费用	

基本生产成本明细账

产品名称：曲奇饼干　　生产车间：饼干车间　　投产时间：　　　　　　总第　页　字第　页

××年		凭证		摘要	产量(公斤)	成本项目			合计
月	日	字	号			直接材料	直接人工	制造费用	

实训二：分批法实训

【实训目的】
通过实训，要求学生掌握分批法的核算程序和方法。

【实训资料】
光华机床厂根据客户订单要求组织生产，采用分批法计算产品成本。
（1）20××年7月生产产品的情况如下：
① 某型号车床20台，批号603号，6月投产，本月全部完工。
② 某型号铣床40台，批号701号，本月投产，月末尚未完工。
③ 某型号刨床60台，批号702号，本月投产，当月完工10台，完工产品数量占该批产品比重较小，为简化核算，对完工10台的产成品成本，按定额单位成本计价结转。刨床的定额单位成本为：直接材料11 000元，直接人工6 200元，制造费用3 300元，合计20 500元。
④ 某型号磨床120台，批号509号，5月投产，本月完工90台，其余尚未完工。因完工产品数量较大，生产费用要求在完工产品和在产品之间按约当产量法进行分配。产品的原材料在生产开始时一次投入，月末在产品完工程度为60%。

（2）7月份的其他有关资料如下：
① 月初在产品成本如表4-20所示。

表4-20　各批产品月初在产品成本　　　　　　　　　　单位:元

摘要	直接材料	直接人工	制造费用	合计
603号车床	318 400	20 000	18 060	356 460
509号磨床	2 330 400	200 000	354 200	2 884 600
合计	2 648 800	220 000	372 260	3 241 060

② 根据各种费用分配表，汇总本月发生的生产费用，如表4-21：

表4-21　各项要素费用汇总分配表
20××年7月　　　　　　　　　　　　　　　　单位:元

生产批次	直接材料	直接人工	制造费用	合计
603	300 000	12 800	11 920	324 720
701	100 000	7 200	4 340	111 540
702	340 000	108 600	124 200	572 800
509	—	16 000	104 800	120 800
合计	740 000	144 600	245 260	1 129 860

【实训要求】

根据上述资料,采用分批法设置与登记基本生产成本明细账,计算各批产品的完工产品成本和月末在产品成本。

【实训用表】

基本生产成本明细账

批别名称:603　　　产品名称:车床　　　投产时间:6月　　　总第　页　字第　页

××年		凭证		摘要	成本项目			合计
月	日	字	号		直接材料	直接人工	制造费用	

基本生产成本明细账

批别名称:701　　　产品名称:铣床　　　投产时间:7月　　　总第　页　字第　页

××年		凭证		摘要	成本项目			合计
月	日	字	号		直接材料	直接人工	制造费用	

基本生产成本明细账

批别名称:702　　　产品名称:刨床　　　投产时间:7月　　　总第　页　字第　页

××年		凭证		摘要	成本项目			合计
月	日	字	号		直接材料	直接人工	制造费用	

基本生产成本明细账

批别名称：509　　　产品名称：磨床　　　投产时间：5月　　　总第　页　字第　页

××年		凭证字号	摘要	成本项目			合计
月	日			直接材料	直接人工	制造费用	

实训三：简化分批法实训

【实训目的】

练习简化分批法的应用。

【实训资料】

海西集团下属的东南公司第二分厂属于小批生产，该分厂的产品批别多，生产周期较长，每月末经常有大量未完工的产品批数。为了简化核算工作，采用简化的分批法计算成本。该分厂20××年8月各批产品生产成本的有关资料如下：

(1) 8月份生产批号有：

① 7720批号：甲产品8件，7月投产，8月全部完工。

② 7721批号：乙产品10件，7月投产，8月完工4件。

③ 7822批号：丙产品5件，8月投产，尚未完工。

④ 7823批号：丁产品15件，8月投产，尚未完工。

⑤ 7824批号：戊产品12件，8月投产，尚未完工。

(2) 各批号在生产开始时一次投入的原材料费用和生产工时为：

① 7720批号：7月份消耗原材料8 000元，生产工时4 000小时；8月份消耗原材料10 000元，生产工时5 020小时。

② 7721批号：7月份消耗原材料4 000元，生产工时1 500小时；8月份原材料消耗20 000元，生产工时20 000小时。

③ 7822批号：原材料消耗5 600元，生产工时3 200小时。

④ 7823批号：原材料消耗5 200元，生产工时3 000小时。

⑤ 7824批号：原材料消耗5 000元，生产工时2 100小时。

(3) 8月末,该厂全部产品累计原材料费用 57 800 元,工时 38 820 小时,直接人工 15 528 元,制造费用 23 292 元。

(4) 此外,期末完工产品工时总额为 23 020 小时,其中:7720 批号的甲产品全部完工,采用实际工时确定,该批产品全部实际生产工时为 9 020 小时;7721 批号的乙产品部分完工,采用工时定额计算确定已完工产品的生产工时为 14 000 小时。

【实训要求】

根据上述资料,登记基本生产成本二级账和各批产品成本明细账;计算和登记累计间接计入费用分配率;并计算各批完工产品成本。

【实训用表】

基本生产成本二级账

金额:元

××年		摘 要	直接材料	生产工时（小时）	直接人工	制造费用	合计
月	日						

基本生产成本明细账

批号:7720 品名:甲产品
完工产量:8 件(7 月投产,8 月全部完工) 单位:元

××年		摘 要	直接材料	生产工时（小时）	直接人工	制造费用	合计
月	日						

基本生产成本明细账

批号:7721　　　　　　　　　　　　　　　　　　　　　品名:乙产品
完工产量:10件(7月投产,8月完工4件)　　　　　　　　单位:元

××年		摘要	直接材料	生产工时(小时)	直接人工	制造费用	合计
月	日						

基本生产成本明细账

批号:7822　　　　　　　　　　　　　　　　　　　　　品名:丙产品
完工产量:5件(8月投产,尚未完工)　　　　　　　　　　单位:元

××年		摘要	直接材料	生产工时(小时)	直接人工	制造费用	合计
月	日						

基本生产成本明细账

批号:7823　　　　　　　　　　　　　　　　　　　　　品名:丁产品
完工产量:15件(8月投产,尚未完工)　　　　　　　　　 单位:元

××年		摘要	直接材料	生产工时(小时)	直接人工	制造费用	合计
月	日						

基本生产成本明细账

批号：7824　　　　　　　　　　　　　　　　　　　　品名：戊产品
完工产量：12件（8月投产，尚未完工）　　　　　　　　单位：元

××年		摘　要	直接材料	生产工时（小时）	直接人工	制造费用	合计
月	日						

实训四：逐步结转分步法实训

【实训目的】

练习产品成本计算的逐步结转分步法。

【实训资料】

海西集团下属的东方公司生产的甲产品经过三个基本生产车间连续加工制成，第一车间生产完工的A半成品，不经过仓库收发，直接转入第二车间加工制成B半成品，B半成品通过仓库收发入库，三车间向半成品仓库领用B半成品继续加工成甲产品。其中1件甲产品耗用1件B半成品，1件B半成品耗用1件A半成品。

生产甲产品所需的原材料于第一车间生产开始时一次投入，第二、三车间不再投入材料。此外，该公司由于生产比较均衡，各基本生产车间的月末在产品完工率均为50%。

各车间的生产费用在完工产品和在产品之间的分配，采用约当产量法。三车间领用的B半成品成本结转，采用先进先出法进行计算。月初B半成品数量20件，单位成本135元，共计2 700元。

海西集团下属的东方公司20××年9月生产甲产品的有关成本计算资料如下：

(1) 本月各车间产量资料见表4-22。

表4-22　各车间产量资料表

单位：件

摘　要	第一车间	第二车间	第三车间
月初在产品数量	20	50	40
本月投产数量或上步转入	180	160	180
本月完工产品数量	160	180	200
月末在产品数量	40	30	20

(2) 各车间月初及本月费用资料见表 4-23。

表 4-23　各车间月初及本月费用表

单位：元

摘　　要		直接材料	半成品	直接人工	制造费用	合计
第一车间	月初在产品成本	1 000		60	100	1 160
	本月的生产费用	18 400		2 200	2 400	23 000
第二车间	月初在产品成本		6 172.50	200	120	6 492.50
	本月的生产费用			3 200	4 800	8 000
第三车间	月初在产品成本		6 644.80	180	160	6 984.80
	本月的生产费用			3 450	2 550	6 000

【实训要求】

根据上述资料，编制各步骤成本计算单，采用综合结转法计算各步骤半成品成本及产成品成本。计算过程如下：

(1) 编制第一车间的成本计算单，计算第一车间的 A 半成品的实际生产成本。(2) 编制第二车间的成本计算单，计算第二车间的 B 半成品的实际成本。(3) 登记 B 半成品明细账并计算第三车间领用 B 半成品的实际成本。该企业采用先进先出法计算领用 B 半成品成本。(4) 编制第三车间的成本计算单，计算甲产品的生产成本。

【实训用表】

产品成本计算单

产品名称：A 半成品　　　　车间：第一车间　　　　单位：元

摘　　要	直接材料	直接人工	制造费用	合　计
月初在产品成本				
本月发生的生产费用				
生产费用合计				
约当产量合计				
单位成本				
完工的 A 半成品的生产成本				
月末在产品成本				

产品成本计算单

产品名称：B半成品　　　　　　　车间：第二车间　　　　　　　　　单位：元

摘　　要	半成品	直接人工	制造费用	合　计
月初在产品成本				
本月发生的生产费用				
生产费用合计				
约当产量合计				
单位成本（分配率）				
完工的B半成品的生产成本				
月末在产品成本				

自制半成品明细账

品名：B半成品　　　　　　　　　　20××年

××年		凭证	摘要	收入			发出			结存		
月	日			数量	单价	金额	数量	单价	金额	数量	单价	金额

产品成本计算单

产品名称：甲产品　　　　　　　　车间：第三车间　　　　　　　　　单位：元

摘　　要	半成品	直接人工	制造费用	合计
月初在产品成本				
本月发生的生产费用				
生产费用合计				
约当产量合计				
单位成本（分配率）				
完工甲产品的生产成本				
月末在产品成本				

产品成本还原计算表

品名：甲产品　　　　　　　　　　　　　　　　　　　　　　产量：200 件

行次	项　目	还原分配率	B半成品	A半成品	直接材料	直接人工	制造费用	合计
1	还原前甲产品生产成本							
2	B半成品成本							
3	第一次成本还原							
4	A半成品成本							
5	第二次成本还原							
6	还原后甲产品生产成本							
7	甲产品单位生产成本							

实训五：平行结转分步法实训之一

【实训目的】

练习产品成本计算的平行结转分步法。

【实训资料】

海西集团下属的闽江公司生产的丁产品经过三个车间连续加工制成，第一车间生产 D 半成品，直接转入二车间加工制成 H 半成品，H 半成品直接转入三车间加工成丁产成品。其中1件丁产品耗用1件 H 半成品，1件 H 半成品耗用1件 D 半成品。原材料于第一车间生产开始时一次投入，第二车间和第三车间不再投入材料。各车间月末在产品完工率均为50%。各车间生产费用在完工产品和在产品之间的分配采用约当产量法。

(1) 本月各车间产量资料见表4-24。

表4-24　各车间产量资料表

单位：件

摘　要	第一车间	第二车间	第三车间
月初在产品数量	20	50	40
本月投产数量或上步转入	180	160	180
本月完工产品数量	160	180	200
月末在产品数量	40	30	20

(2) 各车间月初及本月费用资料见表 4-25。

表 4-25　各车间月初及本月费用

单位：元

摘　　要		直接材料	直接人工	制造费用	合　计
第一车间	月初在产品成本	1 000	60	100	1 160
	本月的生产费用	18 400	2 200	2 400	23 000
第二车间	月初在产品成本		200	120	320
	本月的生产费用		3 200	4 800	8 000
第三车间	月初在产品成本		180	160	340
	本月的生产费用		3 450	2 550	6 000

【实训要求】

(1) 编制各生产步骤的约当产量的计算表。

(2) 编制各生产步骤的成本计算单。

(3) 编制产品成本汇总表。根据产品成本汇总计算表和产成品入库单，编制结转完工入库产品生产成本的会计分录。

【实训用表】

各生产步骤约当产量的计算表

摘　　要	直接材料	直接人工	制造费用
第一车间步骤的约当产量			
第二车间步骤的约当产量			
第三车间步骤的约当产量			

产品成本计算单

车间：第一车间　　　　　　品名：丁产品(D半成品)　　　　　　单位：元

摘　　要	直接材料	直接人工	制造费用	合　计
月初在产品成本				
本月发生费用				
合计				
第一步骤的约当产量				
分配率				
应计入产成品成本份额				
月末在产品成本				

产品成本计算单

车间：第二车间　　　　　　品名：丁产品（H半成品）　　　　　　单位：元

摘　　要	直接人工	制造费用	合　计
月初在产品成本			
本月发生费用			
合计			
第二步骤约当产量			
分配率			
应计入产成品成本份额			
月末在产品成本			

产品成本计算单

车间：第三车间　　　　　　品名：丁产品　　　　　　单位：元

摘　　要	直接人工	制造费用	合　计
月初在产品成本			
本月发生费用			
合计			
第三步骤约当产量			
分配率			
应计入产成品成本份额			
月末在产品成本			

产品成本汇总计算表

产品名称：丁产品

项　目	数量	直接材料	直接人工	制造费用	总成本	单位成本
第一车间						
第二车间						
第三车间						
合　计						

实训六：平行结转分步法实训之二

【实训目的】

继续练习产品成本计算的平行结转分步法。

【实训资料】

大业公司生产甲产品。第一步骤生产 A 半成品，第二步骤生产 B 半成品，第三步骤将 A 半成品和 B 半成品交第三步骤装配成甲产品。第一步骤耗用的材料在生产开始时一次投入，第二步骤所耗用的原材料随着加工进度逐步投入。每件甲产品由两件 A 半成品和一件 B 半成品组成。第一步骤和第二步骤的月末在产品完工率均为 50%，其生产费用采用约当产量法在完工产品和广义在产品之间分配。第三步骤只有未装配的半成品，并无在产品。20××年 5 月有关成本计算资料如表 4-26、表 4-27 所示：

表 4-26　产量记录　　　　　　　　　　　　　　　　单位：件

项　目	第一步骤	第二步骤	第三步骤	
			A 半成品	B 半成品
月初在产品	300	50	300	180
本月投入	900	600	1 000	500
本月完工转出	1 000	500	1 200	600
月末在产品	200	150	100	80

表 4-27　月初在产品成本及本月生产费用　　　　　　单位：元

项　目	直接材料	直接人工	制造费用	合计
月初在产品成本				
第一步骤	9 000	8 100	7 200	24 300
第二步骤	6 150	4 100	3 460	13 710
本月生产费用				
第一步骤	13 500	17 100	12 400	43 000
第二步骤	16 500	10 245	7 865	34 610
第三步骤	—	5 400	3 000	8 400

【实训要求】

根据上述资料，计算各步骤应计入完工甲产品的成本份额和月末在产品成本；编制甲产品成本汇总表，计算完工产品总成本和单位成本；编制完工产品入库的记账凭证。

第五章 产品成本核算的辅助方法

第一部分 知识回顾

第一节 产品成本核算方法的分类法

一、分类法的特点

分类法特点是,成本核算对象是成本的类别;生产费用在产品类别的内部按照一定方法进行分配;任何企业均可以使用。分类法的关键是生产费用在类别内部之间的分配,一般可以采用系数法进行分配。

二、分类法的计算程序

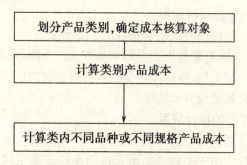

图 5-1 分类法计算程序框图

三、分类法的具体运用

1. 系数法。
2. 副产品的成本计算。
（1）副产品成本计算的特点。
（2）主副产品分离前后的成本计算。
（3）副产品成本按计划单位成本计算。
3. 联产品的计算。

4. 等级品的计算。

第二节 产品成本核算方法的定额法

一、定额法的特点

定额法特点是,以产品的定额成本为基础,加减各种差异而得到产品的实际成本。此方法具有成本控制的作用,任何企业均可以使用。定额法的关键是计算各种差异,差异的种类有实际成本脱离定额成本的差异、材料成本差异、定额变动差异。

二、定额法的计算公式

产品的实际成本 = 产品的定额成本 ± 脱离定额差异 ± 定额变动差异

三、定额法的基本程序

1. 计算定额成本。
2. 计算脱离定额差异。
3. 计算定额变动差异。
4. 计算完工产品成本和在产品成本。

四、定额法应用举例

第三节 各种成本核算方法的实际应用

一、成本计算方法的同时应用

产品成本计算方法的同时应用是指在一个企业或车间中,同时采用不同的成本计算方法,如工业企业有辅助生产车间和基本生产车间,由于辅助生产车间与基本生产车间生产的产品不同,所以在一个企业内可能辅助生产车间采用品种法,而基本生产车间采用分批法或分步法等。

二、成本计算方法的结合应用

产品成本计算方法的结合应用是指在同一产品的成本计算中,常常结合采用不同的成本计算方法。由于一种产品所经过的生产步骤不同,每步骤成本管理的要求不同,所以对于同一种产品可能结合应用多种成本计算方法。如机器厂,在铸造车间可能采用品种法计算各种铸件的成本,在加工车间可能采用分步结转铸件的成本。

第二部分 实务训练

实训一：分类法实训

【实训目的】

练习产品成本计算的分类法。

【实训资料】

三江集团下属的建福公司第一分厂生产 A、B、C 三种产品，所用原材料和工艺过程相似，合并为甲类进行生产成本计算。该企业规定，该类产品的原材料费用随生产进度逐步投入，材料费用按照各种产品的原材料费用系数进行分配；加工费用按照各种产品的工时系数进行分配。同类产品内各种产品的原材料费用，按原材料费用定额确定系数；同类产品内各种产品之间的直接工资和制造费用，均按各种产品的定额工时计算确定系数；该公司规定 B 种产品为标准产品。该厂 2011 年 11 月生产甲类(A、B、C 三种产品)产品，有关成本资料如下：

（1）甲类产品成本资料，见表 5-1。

表 5-1 甲类产品期初在产品成本和本月生产费用

2011 年 11 月　　　　　　　　　　　　　　　　　　单位：元

项　目	直接材料	直接人工	制造费用	合计
期初在产品成本 （定额成本）	20 955	6 765	22 275	49 995
本月生产费用	26 670	9 250	30 045	65 965
生产费用合计	47 625	16 015	52 320	115 960

（2）甲类产品的工时定额和材料消耗定额分别为：① 工时定额为：A 产品 16 小时，B 产品 10 小时，C 产品 11 小时。② 材料消耗定额为：A 产品 212.80 元，B 产品 266.00 元，C 产品 345.80 元。

（3）该公司 11 月份各产品完工产品与在产品的实际产量分别为：① 完工产品产量：A 产品 120 件，B 产品 90 件，C 产品 150 件。② 在产品产量为：A 产品 100 件，B 产品 100 件，C 产品 50 件。

（4）甲类各种产品在产品单位定额成本资料，见表 5-2。

表 5-2　甲类各种产品在产品单位定额成本

单位：元

甲类产品	直接材料	直接人工	制造费用	合计
A产品	60	25	82.50	167.50
B产品	55	30	79	164
C产品	74.80	17.10	95.50	187.40

【实训要求】

计算各种产品的总成本和单位成本并编制完工产品入库的会计分录。

实训二：定额法实训

（一）产品成本计算定额法实训之一

【实训目的】

练习产品成本计算的定额法。

【实训资料】

长江有限责任公司专业生产甲产品。该公司的定额管理制度比较健全、稳定，为此采用定额法计算产品成本。20××年10月，甲产品成本计算的有关资料如表 5-3、表 5-4、表 5-5、表 5-6 所示：

表 5-3　产品定额成本

产品名称：甲产品　　　　　　20××年9月　　　　　　金额单位：元

材料编号及名称	计量单位	材料消耗定量	计划单价	材料费用定额
A材料	千克	50	10	500
工时定额	直接人工		制造费用		产品定额成本合计
	小时薪酬率	金额	小时费用率	金额	
50	3	150	2.5	125	775

表 5-4　月初在产品定额成本和脱离定额差异

产品名称：甲产品　　　　　　20××年10月　　　　　　单位：元

成本项目	定额成本	脱离定额差异
直接材料	5 000	－100
直接人工	750	＋50
制造费用	625	＋25
合　计	6 375	－25

表 5-5 产品投产情况

产品名称：甲产品　　　　　　20××年10月　　　　　　　　　　　单位：件

月初在产品	本月投产	本月完工	月末在产品
10	100	80	30

注：月初、月末在产品完工程度均为50%。

表 5-6 生产费用发生情况

产品名称：甲产品　　　　　　20××年10月　　　　　　　　　　　单位：元

投入定额工时（小时）	实际领用材料			实际工人薪酬	实际制造费用
	数量（千克）	计划成本	材料成本差异率		
4 500	4 800	48 000	+2%	13 950	10 800

材料在生产开始时一次投入。由于工艺技术的改进，于20××年10月1日起对材料消耗定额进行修订，原材料消耗定量为50千克，修订后材料费用定量为47.5千克。

【实训要求】

(1) 计算本月定额成本和脱离定额差异。

(2) 计算材料成本差异。

(3) 计算月初在产品定额变动差异。

(4) 编制生产费用分配的记账凭证。

(5) 编制产品成本计算表，采用定额法计算完工产品和月末在产品的实际成本。

(6) 编制结转完工产品成本的会计分录。

(二) 产品成本计算定额法实训之二

【实训目的】

继续练习产品成本计算的定额法。

【实训资料】

传佳有限责任公司的甲产品是由一个封闭式的车间生产的，该产品的各项消耗定额比较准确、稳定，成本计算采用定额法。20××年8月份，甲产品本月投入400件，月初在产品50件，本月完工420件，月末在产品30件，原材料在生产开始时一次投入。该企业为了简化核算工作，规定产品的定额变动差异和材料成本差异全部由完工产品成本负担，脱离定额差异按定额成本比例，在完工产品与在产品之间进行分配。其他资料如表5-7、表5-8所示：

表5-7　甲产品单位定额成本计算表

产品名称：甲产品　　　　　20××年8月　　　　　　　　　单位：元

产品成本项目	定额耗用量	计划单价	定额成本
直接材料	90公斤	5	450
直接人工	10小时	6	60
制造费用	10小时	4	40
合计			550

表5-8　月初在产品成本

产品名称：甲产品　　　　　20××年8月　　　　　　　　　单位：元

产品成本项目	定额成本	脱离定额差异
直接材料	25 000	+2 000
直接人工	1 500	+100
制造费用	1 000	+80
合计	27 500	+2 180

该公司本月实际发生的费用及定额变动资料如下：

本月实际发生的直接材料200 000元，直接工资26 000元，制造费用16 500元；材料成本差异率为-1%。该企业从本月起将材料定额消耗量由原来的每件100公斤，修订为90公斤，其余各项定额不变。

【实训要求】

(1) 计算本月定额成本和脱离定额差异。

(2) 计算材料成本差异。

(3) 计算月初在产品定额变动差异。

(4) 编制产品成本计算表，采用定额法计算完工产品和月末在产品的实际成本。

第六章 成本报表

第一部分 知识回顾

第一节 成本报表概述

一、成本报表的作用

(一)成本报表的含义

成本会计报表是会计机构在期末根据产品成本核算的日常资料编制的,用于反映一定时期产品成本和期间费用水平及其结构情况的报告文件;是企业进行成本分析的基础信息;是企业进行成本决策的支持。成本会计报表的信息质量关系到决策质量的高低,应加强对成本会计报表信息的管理。

(二)成本报表的作用

1. 成本报表对提高企业成本管理水平的作用。
2. 成本报表对企业统筹安排人、财、物的作用。
3. 成本报表是企业生产决策的重要依据。

二、成本报表的编制要求

1. 内容完整。
2. 数字真实。
3. 计算准确。
4. 编报及时。

三、成本报表的种类

1. 商品产品成本表。
2. 主要产品单位成本表。
3. 制造费用明细表。
4. 期间费用明细表。

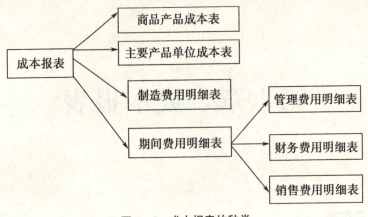

图 6-1 成本报表的种类

第二节 商品产品成本表

一、商品产品成本表的作用

商品产品成本表是反映企业在报告期内生产的全部商品的总成本以及各种主要商品产品单位成本和总成本的报告文件。

利用本表可以考核全部商品产品成本和各种主要产品单位成本计划的执行情况,对商品产品成本节约或超支情况进行总括的评价,以便分析产品成本增减变化的原因,寻求降低产品成本的途径;可以考核可比产品成本降低计划的执行情况,计算各种因素对成本计划的影响程度,分析其中的有利因素和不利因素,寻求进一步降低产品成本的途径。

二、商品产品成本表的结构和内容

1. 商品成本表的结构。
2. 商品成本表的内容。

三、商品产品成本表的编制方法

第三节 主要产品单位成本表

一、主要产品单位成本表的作用

主要产品单位成本表是反映在报告期内生产的各种主要产品单位成本构成情况以及其有关技术经济指标完成情况的报告文件。

利用本表可以考核主要产品单位成本计划的执行情况,分析主要产品单位成本升降变化的原因,寻求降低产品成本的途径;可以按照成本项目将本月实际和本年实际平均单位成本与上年实际成本和历史先进水平进行比较,寻找差距;通过本表主要产品的主要技术经济指标的执行情况,挖掘进一步降低产品成本的潜力。

二、主要产品单位成本表的结构和内容

(一)主要产品单位成本表的结构

主要产品单位成本表分为上、下两部分,上半部分反映本月的实际合格品产量、本年累计实际合格品产量、销售单价和按成本项目反映的单位成本;下半部分反映单位产品所耗用的各种主要原材料的数量和生产工人工时等主要技术经济指标。

(二)主要产品单位成本表的内容

三、主要产品单位成本表的编制方法

第四节 制造费用明细表

一、制造费用明细表的作用

制造费用明细表是反映企业在报告期内发生的制造费用总额和各项费用明细数额的报告文件。

利用本表可以考核制造费用的计划执行情况;分析各项制造费用的构成情况以及增减变化的原因,以便寻求降低制造费用的途径。

二、制造费用明细表的结构和内容

(一)制造费用明细表的结构

制造费用明细表是分别反映各该费用的本年计划数,上年同期实际数和本年累计实际数,并在报表的下端反映各该费用的合计数。

(二)制造费用明细表的内容

三、制造费用明细表的编制方法

第五节 期间费用明细表

一、期间费用明细表的作用

期间费用明细表分别反映企业在报告期内发生的管理费用、营业费用和财务费用以及构成情况的报表。期间费用明细表包括管理费用明细表、销售费用明细表和财务费用明细表。

二、期间费用明细表的结构和内容

(一)期间费用明细表的结构

期间费用明细表分别按照管理费用、营业费用和财务费用的费用项目反映"本年计划"、"上年同期实际"、"本月实际"和"本年累计实际"情况。

(二)期间费用明细表的内容

三、期间费用明细表的编制方法

第二部分 实务训练

实训一：商品产品成本表编制的实训

【实训目的】

练习商品产品成本表的编制。

【实训资料】

北方工具厂设有两个基本生产车间。一车间生产甲产品，二车间生产乙、丙两种产品。其中甲、乙产品为可比产品，丙产品为不可比产品。该厂20××年12月份有关成本资料见表6-1所示。

表6-1 商品产品生产资料

20××年12月　　　　　　　　　　　　　　　　　单位：元

	可比产品(甲)	可比产品(乙)	不可比产品(丙)
单位生产成本(元)			
上年实际成本	600	420	
本月实际	555	414	276
本年累计实际平均	573	417	273
本年计划	580	400	270
生产量(件)			
本月实际	90	105	60
本年累计实际	765	960	630
本年计划	720	890	650
销售量(件)			
本月实际	75	105	60
本年累计实际	780	870	48
年初结存数量(件)	120	90	135

① 可比产品本年计划降低额32 200元。
② 可比产品本年计划降低率4%。
③ 按现行价格计算的商品产值1 698 450元。
④ 本年计划的产值率56元/百元。

【实训要求】

根据上述资料编制北方工具厂20××年12月份商品产品成本表。

【实训用表】

商品产品成本表

编制单位：北方工具厂　　　　　20××年12月　　　　　　　　　　单位：元

产品名称	计量单位	实际产量		单位成本				本月总成本			本年累计总成本		
		本月	本年累计	上年实际平均	本年计划	本月实际	本年累计实际平均	按上年实际平均单位成本	按本年计划单位成本	本月实际	按上年实际平均单位成本计算	按本年计划单位成本计算	本年实际
		(1)	(2)	(3)	(4)	(5)=(9)÷(1)	(6)=(12)÷(2)	(7)=(1)×(3)	(8)=(1)×(4)	(9)	(10)=(2)×(3)	(11)=(2)×(4)	(12)
可比产品合计													
1. 甲产品	件												
2. 乙产品	件												
不可比产品合计													
丙产品	件												
全部商品产品成本													

补充资料（本年累计实际成本）

1. 可比产品成本降低额为：　　　　　（本年计划降低额　　　　）。
2. 可比产品成本降低率为：　　　　　（本年计划降低率　　　　）。
3. 按现行价格计算的商品值　　　　元。
4. 产值成本率　　　元/百元（本年计划为　　　元/百元）。

实训二：主要产品单位成本表编制的实训

【实训目的】

练习主要产品单位成本表的编制。

【实训资料】

北方工具厂甲产品20××年12月有关资料见表6-2、表6-3所示。

表6-2　甲产品成本资料

20××年12月　　　　　　　　　　　　　　　　单位：元

单位生产成本（元）	直接材料	直接工资	制造费用	合　计
历史先进水平	279	135	114	528
上年实际平均	315	156	129	600
本年计划	300	150	130	580
本月实际	285	147	123	555
本年累计实际平均	294	153	126	573

表 6-3 甲产品其他资料
20××年度

项 目	单位	上年实际	本年实际
单位产品售价	元	900	930
单位产品税金	元	120	123
产品计划销售量	件	765	770
产品实际销售量	件	750	780

【实训要求】

根据以上资料和实训一的有关资料编制该厂甲产品的主要产品单位成本表。

【实训用表】

主要产品单位成本表

编制单位：北方工具厂　　　　20××年12月　　　　　　　　　单位：元

产品名称			本月实际产量			
规格			本年累计实际产量			
计量单位			销售单价			
成本项目	行次	历史先进水平 19××年	上年实际平均	本年计划	本月实际	本年累计实际平均
		(1)	(2)	(3)	(4)	(5)
直接材料 直接工资 制造费用						
产品生产成本						

实训三：制造费用明细表编制的实训

【实训目的】

练习制造费用明细表的编制。

【实训资料】

北方工具厂20××年12月生产车间制造费用有关资料见表6-4所示。

表6-4 制造费用明细资料

20××年12月　　　　　　　　　　　　　　　单位：元

项　目	12月份资料			1～11月份实际累计
	上年同期实际	本月计划	本月实际	
职工薪酬	2 655	2 712	2 769	30 280
办公费	700	800	800	9 200
折旧费	3 000	3 300	3 350	36 860
修理费	1 040	1 160	1 180	12 440
运输费	1 380	1 500	1 300	15 700
租赁费	450	600	650	7 400
保险费	700	800	820	9 120
水电费	400	500	500	5 460
劳动保护费	300	400	430	4 880
机物料消耗	180	210	220	2 470
其　他	127	153	170	1 400
合　计	10 932	12 135	12 189	135 210

【实训要求】

编制北方工具厂20××年12月份制造费用明细表。

【实训用表】

制造费用明细表

编制单位：北方工具厂　　　　20××年12月　　　　　　　　　单位：元

费用项目	行次	本月计划	上年同期实际	本月实际	本年累计实际
职工薪酬	1				
办公费	2				
折旧费	3				
修理费	4				
运输费	5				
租赁费	6				
保险费	7				
水电费	8				
劳动保护费	9				
机物料消耗	10				
其　他	11				
合　计	12				

第七章 成本分析

第一部分 知识回顾

第一节 成本分析概述

一、成本分析的意义

成本分析是以成本核算提供的数据为主,结合有关的计划、定额、统计和技术资料,应用一定的方法对影响成本升降的各种因素进行科学分析,以便查明成本变动的原因,充分挖掘增产节约的潜力,促使企业不断地降低成本的一项综合工作。

二、影响产品成本的因素

(一) 宏观因素

1. 企业地理位置与资源条件。
2. 企业规模和技术装备水平。
3. 企业专业化和协作化水平。
4. 企业的生产任务。

(二) 微观方面

1. 劳动生产率。
2. 材料和动力利用效果。
3. 生产设备利用效果。
4. 产品质量水平。
5. 企业管理状况。

三、成本分析的形式

(一) 预测分析

(二) 日常分析

(三) 定期分析

（四）不定期分析

四、成本分析的方法

（一）对比分析法

1. 实际指标和计划指标对比。
2. 本期指标和前期指标对比。
3. 本期指标和同类型企业指标对比。

（二）因素分析法

1. 根据影响某项成本指标完成情况的因素，按其依存关系，将成本指标的计划数和实际数进行分解为两个指标体系。

2. 以计划指标体系为基础，把实际指标体系中的每项因素的实际数逐步顺序地替代计划数，有几个因素替换几次。每次替换后，应计算出由于该因素变动所得的结果，确定该因素变动对成本指标差异的影响程度。

3. 将各个因素的影响数值相加，即为总差异数。

第二节 全部商品产品成本的分析

一、按产品品种总括分析成本计划的完成情况

（一）总成本降低额

$$总成本降低额 = \sum（计划单位成本 \times 实际产量） - \sum（实际单位成本 \times 实际产量）$$

（二）总成本降低率

$$总成本降低率 = \frac{总成本降低额}{\sum（计划单位成本 \times 实际产量）} \times 100\%$$

二、按成本项目分析成本计划的完成情况

三、百元商品产值成本的分析

（一）百元商品产值成本的计算

（二）品种结构变动的影响

（三）单位成本变动的影响

（四）出厂价格变动的影响

第三节 可比产品成本的分析

一、可比产品成本降低情况的总括分析

可比产品成本降低的分析,是将实际成本完成情况与计划的降低任务进行比较,分析其实际的降低情况,进一步寻找差距,挖掘企业降低成本的潜力。

二、可比产品成本降低情况的因素分析

(一)产品产量变动的影响

(二)产品品种结构变动的影响

1. 产品品种结构变动对成本降低额的影响。
2. 产品品种结构变动对成本降低率的影响。

(三)产品单位成本变动的影响

1. 产品单位成本变动对成本降低额的影响。
2. 产品单位成本变动对成本降低率的影响。

第四节 产品单位成本的分析

一、直接材料项目的分析

(一)直接材料消耗量的分析

(二)直接材料消耗价格的分析

二、直接工资项目的分析

(一)计时工资制下的分析

1. 单一产品分析。
2. 多种产品分析。

(二)计件工资制下的分析

三、制造费用项目的分析

四、废品损失项目的分析

第二部分 实务训练

实训一:商品产品成本表分析的实训

【实训目的】

练习商品产品成本表的分析方法。

【实训资料】
(1) 北方工具厂商品产品生产资料(见表6-1);
(2) 全部商品产品成本项目构成资料如表7-1所示。

表7-1 全部商品产品成本项目构成资料

20××年度　　　　　　　　　　　　　　　　　　单位:元

成本项目	全部商品产品成本	
	计　划	实　际
直接材料	598 680	655 885
直接人工	249 450	219 560
制造费用	149 670	135 210
生产成本	997 800	1 010 655

【实训要求】
(1) 编制该厂全部商品产品生产成本计划完成情况分析表,并对全部商品产品生产成本计划完成情况进行分析。
(2) 分析可比产品成本降低任务完成情况。

【实训用表】

全部商品产品成本计划完成情况表(按产品类别)

编制单位:　　　　　　　　20××年度　　　　　　　　　　单位:元

产品名称	单位	产量		单位成本			总成本			降低指标	
		计划	实际	上年	计划	实际	按上年计算	按计划计算	按实际计算	成本降低额	成本降低率
可比产品											
甲	件										
乙	件										
不可比产品											
丙	件										
全部商品产品											

全部商品产品成本计划完成情况表(按成本项目类别)

编制单位:　　　　　　　　20××年度　　　　　　　　　　单位:元

成本项目	全部商品产品成本		降低指标	
	计划	实际	成本降低额	成本降低率
直接材料				
直接人工				
制造费用				
生产成本				

可比产品成本降低任务完成情况分析表（一）

编制单位：　　　　　　　　　　20××年度　　　　　　　　　　单位：元

可比产品名称	计划产量	单位成本		总成本		计划成本降低任务	
		上年	计划	上年	计划	成本降低额	成本降低率
甲							
乙							
合计							

可比产品成本降低任务完成情况分析表（二）

编制单位：　　　　　　　　　　20××年度　　　　　　　　　　单位：元

可比产品名称	实际产量	单位成本			总成本			降低情况	
		上年	计划	实际	上年	计划	实际	降低额	降低率
甲									
乙									
合计									

实训二：主要产品单位成本表分析的实训

【实训目的】

练习主要产品单位成本表的分析方法。

【实训资料】

（1）北方工具厂20××年主要产品单位成本表中有关数据（见表6-2）。

（2）该厂甲产品单耗资料如表7-2所示：

表7-2　北方工具厂甲产品单耗资料

20××年度　　　　　　　　　　金额单位：元

成本项目	本年实际	本年计划
直接材料		
消耗量(千克)	12.50	12.50
单价(元/千克)	23.52	24.00
直接工资		
生产工时(小时)	50	50
小时薪酬(元/小时)	3.06	3.00
制造费用		
生产工时(小时)	50	50
小时费用(元/小时)	2.52	2.60

【实训要求】
根据上述资料对北方工具厂的甲产品进行单位成本计划完成情况和单位成本项目变动情况进行分析,并作出简要的评价。

【实训用表】

甲产品单位成本分析表

编制单位： 20××年度 单位：元

项　　目	计划成本	实际成本	升降情况		各项目升降对单位成本影响的百分率(%)
			降低额	降低率(%)	
直接材料					
直接人工					
制造费用					
合　计					

甲产品单位材料成本对比表

编制单位： 20××年度 单位：元

计　　划			实　　际		
单耗(千克)	材料单价	材料成本	单耗(千克)	材料单价	材料成本

甲产品单位人工费用对比表

编制单位： 20××年度

项　　目	计　划	实　际	差　异
单位产品工时(小时)			
小时薪酬率(元/小时)			
单位产品工资成本(元)			

甲产品单位制造费用对比表

编制单位： 20××年度

项　　目	计　划	实　际	差　异
单位产品工时(小时)			
小时制造费用(元/小时)			
单位制造费用(元)			

附录

第一部分 实务训练

一、联产品、副产品和等级产品成本计算实训

（一）联产品成本计算实训之一

1. 实训目的：

练习联产品成本的计算。

2. 实训资料：

天东工厂采用 A 原材料，经过同一生产过程同时生产出甲、乙两种联产品。20××年 4 月共生产甲产品 400 吨，乙产品 200 吨。假定该月无期初期末在产品。该月生产发生的联合成本分别为：原材料为 6 000 元，直接人工费为 2 160 元，制造费用为 3 840 元。甲产品每吨售价 50 元，乙产品每吨售价 60 元，且全部产品均已售出。

3. 实训要求：

根据资料分别用系数分配法、实物量比例分配法、相对售价比例分配法计算甲乙联产品成本。

（二）联产品成本计算实训之二

1. 实训目的：

继续练习联产品成本的计算。

2. 实训资料：

众人企业投入相同的原材料，经过同一加工过程生产出 A、B 两种联产品。共发生联合成本为 40 000 元。材料费用、人工费用和制造费用的比重为 65∶25∶10。两种联产品在分离后均需再加工后方可对外出售。20××年 4 月，A 产品经过进一步加工后的产量为 200 吨，每吨售价 250 元，发生的可归属成本 28 000 元；B 产品经过进一步加工后的产量为 500 吨，每吨售价 220 元，发生的可归属成本 52 000 元。

3. 实训要求：

采用可实现净值比例法计算甲产品和丙产品的成本。

（三）副产品成本计算实训之一

1. 实训目的：

练习副产品成本的计算。

2. 实训资料：

东海工厂在生产甲产品过程中附带生产出副产品乙和丙。20××年5月该厂发生的生产费用如表1所示。本月共生产甲产品2 000吨，乙产品80吨，丙产品400吨。月末无在产品。乙产品计划单价为200元，丙产品单位售价为75元。

表1 生产费用明细表

项 目	直接材料	直接人工	制造费用	合计
月初在产品成本	16 000	4 000	12 000	32 000
本月费用	240 000	60 000	68 000	368 000

3. 实训要求：按项目比重法计算各产品成本。

（四）副产品成本计算实训之二

1. 实训目的：

继续练习副产品成本的计算。

2. 实训资料：

万山公司在生产A产品过程中附带生产出副产品B，但B产品需要进一步加工成C产品才能对外出售。20××年3月该公司生产该类产品共发生联合成本为74 000元，其中原材料40 000元，直接人工费24 000元，制造费用10 000元。将B产品再加工成C产品需投入人工费600元，制造费用400元。C产品对外销售单价为200元/吨。本月A产品产量为300吨，C产品产量为20吨。

3. 实训要求：按项目比重法计算A产品和C产品的成本。

（五）等级产品成本计算实训

1. 实训目的：

练习等级产品成本的计算。

2. 实训资料：

阿童本纺织有限责任公司是一家毛纺企业，20××年6月，该企业利用羊毛加工生产出一批毛纺布料共62万米，由于羊毛质量问题导致产品质量存在差异，其中属于一等品54万米，二等品5万米，三等品3万米。当月共发生联合成本19 500 000元，分别是原材料12 000 000元，人工费4 500 000元，制造费用3 000 000元。毛纺布料的单位售价分别为：一等品40元，二等品36元，三等品20元。

3. 实训要求：
计算各等级品的单位成本。

二、其他行业成本计算实训

（一）农产品成本计算实训

1. 实训目的：
练习农产品成本的计算。

2. 实训资料：
大地农场20××年度收获小麦80 000千克，每千克计划成本为0.4元，麦秸100 000千克，每千克计划成本0.02元，实际生产费用总额为30 600元。

3. 实训要求：
根据资料用比率法计算下列指标并编制主、副产品成本计算表。

(1) 实际成本分配率。
(2) 小麦实际总成本。
(3) 小麦实际单位成本。
(4) 麦秸实际总成本。
(5) 麦秸实际单位成本。

【实训用表】

主、副产品成本计算表

编制单位： 20××年度 单位：元

产品名称	实际产量（千克）	计划成本		实际成本	
		单位成本	总成本	单位成本	总成本
小麦					
麦秸					
合计					

（二）林产品成本计算实训

1. 实训目的：
练习林产品成本的计算。

2. 实训资料：
满山红果园有限公司栽培的苹果树，20××年全年的实际费用为600 000元，副产品的价值为24 000元；生产一级红富士苹果20 000千克，每千克计划成本6元；二级红富士苹果60 000千克，每千克计划成本4元；三级红富士苹果100 000千克，每千克计划成本2元；等外品红富士苹果80 000千克，每千克计划成本1元。

3. 实训要求：
根据以上资料计算下列指标，并编制苹果成本计算表。

(1) 各级苹果实际总成本。
(2) 各级苹果计划总成本。
(3) 实际成本分配率。

【实训用表】

苹果成本计算表

编制单位：　　　　　　　　　　20××年度　　　　　　　　　　单位：元

品　级	产量（千克）	计划成本		分配率（%）	实际成本	
		单价	金额		单价	金额
一级红富士						
二级红富士						
三级红富士						
等外红富士						
合　计						

(三) 畜产品成本计算的实训

1. 实训目的：

练习畜产品成本的计算。

2. 实训资料：

兴旺畜牧有限责任公司20××年5月份的"生产成本"账户中，在"基本猪群饲养"和"两个月内仔猪"明细账户资料如下：

(1) 由上期结转在母猪照管下的仔猪1 000头，活重1 000千克，成本4 700元。

(2) 期内基本猪群共繁殖仔猪13 000头，出生时活重为10 000千克。

(3) 期内将满两个月的仔猪11 000头，转入2~4个月内的幼猪群，转群时的活重为36 000千克。

(4) 期内死亡两个月内的仔猪1 000头，活重为2 500千克。

(5) 期末仔猪出生后两个月内的增重量为30 000千克。

(6) 期末结存两个月内仔猪为2 000头，活重2 500千克。

(7) 本期发生的饲养费用为80 800元。

(8) 取得副产品的价值为800元。

3. 实训要求：

计算下列指标，并将上述资料在明细账中予以反映。

(1) 仔猪出生活重和出生后两个月内增重单位（千克）成本。

(2) 仔猪活重单位（千克）成本。

(3) 断奶仔猪的总成本。

（4）未断奶仔猪的总成本。

（5）每头断奶仔猪的成本。

（6）每头未断奶仔猪的成本。

【实训用表】

生产成本明细账　　　　　　　　　　　　　总第　页

明细账户：基本猪群饲养　　　　　　　　　字第　页

××年		凭证号	摘要	借方(增加)						贷方(减少)						余额(结存)		
				饲养费用	其他支出	转入			副产品	其他减少		转出			数量	单价	金额
月	日					头数	活重	金额		数量	金额	头数	活重	金额			

生产成本明细账　　　　　　　　　　　　　总第　页

明细账户：两个月内仔猪　　　　　　　　　字第　页

××年		凭证号	摘要	借方(增加)						贷方(减少)						余额(结存)		
				饲养费用	其他支出	转入			副产品	其他减少		转出			数量	单价	金额
月	日					头数	活重	金额		数量	金额	头数	活重	金额			

（四）批发企业商品销售成本计算的实训之一

1. 实训目的：

练习采用先进先出法计算和结转商品销售成本。

2. 实训资料：

佳华商业批发企业采用先进先出法计算商品销售成本。20××年4月"库存商品数量金额明细账"如表2所示：

表2 库存商品数量金额明细账

商品类别：大百货类　　　编号 1011　　　品名：甲商品　　　规格：××　　　计量单位：件

××年		凭证		摘要	收入				发出				结存		
月	日	字	号		购进数量	其他数量	单价	金额	销售数量	其他数量	单价	金额	数量	单价	金额
4	1			月初结存									600	20	12 000
4	5	×	×	购进	300		18	5 400					900		
4	7	×	×	销售					500				400		
4	10	×	×	发出加工						40			360		
4	13	×	×	购进	700		21	14 700					1 060		
4	19	×	×	销售					260				800		
4	23	×	×	销售					400				400		
4	25	×	×	购进	500		19	9 500					900		
4	29	×	×	销售					470				430		
4	30	×	×	购进	100		17	1 700					530		
4	30	×	×	结转销售成本					(1 630)						
4	30	×	×	本月合计	1 600			31 300	1 630	40			530		

3. 实训要求：

(1) 计算20××年4月19日发出销售商品的进价成本。

(2) 完成明细账的登记,并计算期末库存商品的结存数量和结存金额。

(五)批发企业商品销售成本计算的实训之二

1. 实训目的：

练习采用加权平均法计算和结转商品销售成本。

2. 实训资料：

佳华商业批发企业采用先进先出法计算商品销售成本。20××年4月"库存商品数量金额明细账"如表2所示。

3. 实训要求：

(1) 计算本月加权平均价格。

(2) 编制结转本月商品销售成本的会计分录。

(3) 完成库存商品数量进价金额明细账的登记。

(六)批发企业商品销售成本计算的实训之三

1. 实训目的：

练习采用毛利率法计算和结转商品销售成本。

2. 实训资料：

佳华商业批发企业20××年一季度乙类商品销售收入为1 250 000元,其已销商品的进价成本为1 062 500元;该企业乙类商品4月初结存商品的进价成本为189 100

元,该月购进商品进价成本为297 200元;4月份该类商品的销售收入为362 600元。

3. 实训要求:

(1) 计算乙类商品上季度毛利率。

(2) 匡算4月份商品销售成本。

(3) 完成"库存商品类目账"的登记。

【实训用表】

库存商品类目账　　　　　　　　商品类别:乙

××年		凭证		摘要	借方	贷方	借或贷	余额
月	日	字	号					
4	1			月初结存				
4	×	×	×	购进				
4	30	×	×	本月销售商品成本				

(七)零售企业商品销售成本计算实训

1. 实训目的:

练习零售企业商品进销差价率的计算和商品销售成本的确认。

2. 实训资料:

天天百货零售有限责任公司零售商场经营甲类商品的实物负责人张建在20××年4月份实现商品销售额共为50 770元,甲类商品的库存商品和进销差价明细账如表3所示:

表3　库存商品和进销差价明细账　　　　　　　总第　　页
　　　　　　　　　　　　　　　　　　　　　　　　第　　页

实物负责人:张建

××年		凭证	摘要	库存商品				进销差价			
月	日			借方	贷方		余额	借方	贷方		余额
4	1	×	月初余额			借	46 100			贷	16 135
4	1	×	购进	9 400		借	55 500	2 900		贷	19 035
4	1	×	销售		1 660	借	53 840				
〰〰	〰〰	〰〰	〰〰	〰〰	〰〰	〰〰	〰〰	〰〰	〰〰	〰〰	〰〰
4	30	×	购进	4 700		借	48 450	1 450		贷	34 524
4	30	×	销售		3 320	借	45 130				
4	30	×	转出已销商品差价								
4	30		本月合计	49 800	50 770				18 389		

3. 实训要求:
(1) 计算本月商品进销差价率和本月已销商品实现的进销差价。
(2) 编制结转已销商品实现进销差价的会计分录。
(3) 完成"库存商品和进销差价明细账"的登记工作。

(八) 施工企业成本计算的实训之一

1. 实训目的:
练习施工企业成本的计算。

2. 实训资料:
广大建筑工程有限责任公司20××年9月施工A、B两项工程,共发生如下费用:A工程消耗材料1 500 000元,B工程消耗材料900 000元,人员工资300 000元,A工程计4 000工作日,B工程计2 000工作日。机械作业费共400 000元,A工程机械工作1 200台时,B工程机械工作800台时。本月共发生间接费用180 000元,按各工程施工人员工资比例分配。期末,A工程未完工施工工程600 m²,完工率60%,工程费用预算500元/m²,月初A工程未完工程100 000元。

3. 实训要求:
计算A、B工程已完工工程成本。

(九) 施工企业成本计算实训之二

1. 实训目的:
继续练习施工企业成本的计算。

2. 实训资料:
大地建筑工程有限责任公司20××年同时进行A、B两项工程的建设,A工程于上年12月份开工,目前尚未完工;B工程于当年2月份开工。本月发生机械作业台时数为9 000台时,其中A工程7 200台时,B工程1 800台时。发生的工程间接费用均按照各工程的人工费用分配。

20××年2月份发生的费用资料如表4至表8所示:

表4 未完施工项目成本资料

工程项目:A工程　　　　　　20××年1月31日　　　　　　单位:元

材料费	人工费	机械使用费	间接费用	合计
406 990	251 183	40 413	25 993	724 579

表5 材料费用分配表

20××年2月　　　　　　　　　　　　　　　　　　　　单位：元

工程项目	主要材料	结构件	其他材料	合计
工程施工——A项目	69 369	48 639	7 943	125 951
工程施工——B项目	27 959		9 639	37 598
工程施工——间接费用			4 582	4 582
机械作业			4 987	4 987
合计	97 328	48 639	27 151	173 118

表6 人工费用分配表

20××年2月　　　　　　　　　　　　　　　　　　　　单位：元

工程项目	应付工资	应付社保费	合计
工程施工——A项目	40 000	14 400	54 400
工程施工——B项目	25 000	9 000	34 000
工程施工——间接费用	22 000	7 920	29 920
机械作业	8 000	2 880	10 880
合计	95 000	34 200	129 200

表7 折旧费用计算表

20××年2月　　　　　　　　　　　　　　　　　　　　单位：元

工程项目	固定资产	折旧率	折旧额
机械作业	3 000 000	0.5%	15 000
工程施工——间接费用	2 000 000	0.4%	8 000
合计	5 000 000		23 000

表8 其他费用分配表

20××年2月　　　　　　　　　　　　　　　　　　　　单位：元

工程项目	水电费	修理费	摊销保险费	合计
工程施工——A项目	2 600			2 600
工程施工——B项目	780			780
工程施工——间接费用	1 117	1 127	780	3 024
机械作业	3 084	3 849		6 933
合计	7 581	4 976	780	13 337

注：水电费与修理费以银行存款支付。

3. 实训要求：

根据上述资料编制相关会计分录，设计未完施工工程成本计算表并计算 A、B 工程项目未完施工工程成本。

(十) 运输企业成本计算实训

1. 实训目的：

练习运输企业成本计算。

2. 实训资料：

云祥运输有限责任公司经营客、货运两类运输业务。20××年6月，该公司发生有关运输费用如表9至表11所示：

表9　工资福利费分配汇总表

编制单位：云祥运输公司　　　　20××年6月　　　　　　　　单位：元

应借账户	工资总额	社保费(36%)	合计
运输支出			
——客运	30 000	10 800	40 800
——货运	20 000	7 200	27 200
小计	50 000	18 000	68 000
营运间接费用	6 000	2 160	8 160
辅助营运费用(保养车间)	16 000	5 760	21 760
管理费用	6 600	2 376	8 976
合计	78 600	28 296	106 896

表10　燃料费用分配表

编制单位：云祥运输公司　　　　20××年6月　　　　　　　　单位：元

应借账户	汽油		柴油		合计
	计划成本	成本差异(1%)	计划成本	成本差异(2%)	
运输支出					
——客运	20 000	200	80 000	1 600	101 800
——货运	26 000	260	25 000	500	51 760
辅助营运费用	25 000	250			25 250
营运间接费用	6 000	60	6 000	120	12 180
管理费用	4 000	40			4 040
合计	81 000	810	111 000	2 220	195 030

表11 营运车辆养路费用计算表

编制单位：云祥运输公司　　　　　　20××年6月　　　　　　　　　　单位：元

项　　目	客车	货车	合计
一、旅客周转量（千人公里）	20 000	1 600	
货物周转量（千吨公里）	800	2 000	
客货周转量合计（换算为千吨公里）			
二、客运收入（平均单位收入80元）			
货运收入（平均单位收入600元）			
客货收入合计			
三、养路费率(%)	15	15	
四、应交养路费用			

3. 实训要求：

(1) 完成表11的填制。

(2) 根据费用分配表，编制会计分录。

(十一) 旅行社组团成本计算实训

1. 实训目的：

练习旅行社成本计算。

2. 实训资料：

中华旅行社20××年10月因组团业务发生如下费用：

(1) 接到接团社报来"旅游团结算费用通知单"，按收费标准应付接团社综合服务费30 000元，房费15 000元，餐费9 000元，交通费10 000元。

(2) 以银行存款支付广告费6 000元。

(3) 以银行存款支付办公费、水电费共计2 000元。

(4) 计提办公用房折旧费6 000元。

3. 实训要求：

(1) 编制上述组团费用发生的会计分录。

(2) 月末结转费用成本。

三、成本核算流程设计实训

1. 实训目的

通过本课程设计训练，要求学生熟练掌握成本核算程序。

2. 实训资料

资料一

某电力厂以煤、重油、天然气等作为燃料，燃烧时化学能转化为热能，再通过膨胀做功转化为机械能，汽轮发电转化为电能，产生电力。设电厂除生产电力外还提供热力。该厂设有：燃料、锅炉、汽轮、电机等基本生产车间和机修、热化等辅助生产车间，以及管理科室，其生产工艺流程图如下所示：

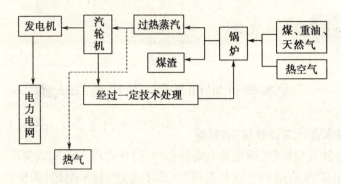

图1　某电力厂生产工艺流程图

要求：(1) 根据以上资料设计电力、热力成本计算方法、程序。
(2) 设计各要素费用、综合费用计算分配表。

资料二

某铜管生产厂以电解铜作为主要原料生产各种规格的黄铜管与紫铜管两个系列产品，生产工艺流程图如下所示，另外还设有机修车间、发电车间两个辅助生产车间，根据市场情况，企业外购管坯也可出售管坯，设有原材料、修模废料（下脚料）、半成品、产成品备品、备件等仓库。

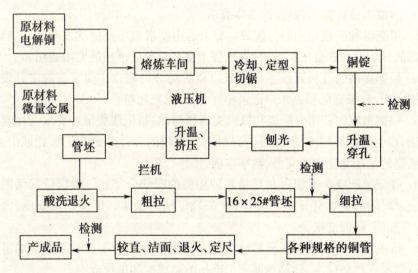

图2　某铜管生产厂生产工艺流程图

要求：(1) 把生产工艺流程图划分为几个合理车间，以便于费用的归集，成本的计算。
(2) 根据以上资产设计管坯成本，黄、紫铜管产品的成本计算。
(3) 设计各要素费用、综合费用分配方法及表格。

第二部分 教学大纲

《成本会计实训教程》课程教学大纲

一、《成本会计实训教程》的目标

《成本会计实训教程》课程是重要的会计、财务管理专业实训课程。是会计、财务管理专业的学生在进行专业核心课程《成本会计》教学期间,为提高和巩固成本会计实务知识而开设的配套实训课程。学生通过填制各种生产费用分配表,明确要素费用的归集和分配;通过记账凭证的填制,巩固基础会计课程所学的相关专业知识;通过生产成本明细账的登记,掌握产品成本计算方法和计算程序。本实训课程的最终目的是通过实训使学生基本掌握制造企业产品成本核算的流程和程序。

二、《成本会计实训教程》的先修课程

本实训课程应用到的基本理论与原理有:会计基本假设理论;复式记账理论;会计账户的设置、分类与登记程序;成本会计理论;成本计算方法;成本核算理论等。因此其先修课程有会计学基础、基础会计实训、财务会计、财务会计实训等。

三、《成本会计实训教程》的基本要求

1. 填制各种要素费用的分配表。要求运用要素费用分配的基本公式,确定每种费用的分配对象和分配标准,计算出各个受益对象应承担的要素费用。

2. 根据提供的资料开设总分类账户和明细分类账户。要求按规定开设并过入期初余额,并保证期初的账户记录相互勾稽、账账相符。

3. 根据填制的费用分配表和提供实训资料,编制记账凭证。要求运用复式记账方法,按会计核算规范的要求进行操作,将编制的会计分录在记账凭证中列示,保证编制的记账凭证内容完整、数字准确、操作合规。

4. 登记生产成本明细账和其他各种相关的明细分类账。要求依据编制的记账凭证及所附的原始凭证进行登记,并按规定结出余额。保证记账规范、内容完整、数字准确、账面清晰。

5. 运用生产成本明细账资料计算完工产品成本。运用在产品成本确定的方法确认期末在产品成本,计算本期完工产品的总成本和单位成本。

6. 定期进行汇兑,编制会计科目汇总表。要求根据编制的记账凭证按旬进行汇总,保证汇总表中会计科目按序排列、数字清晰。

7. 根据会计科目汇总表登记总分类账。运用平行登记原理登记检查总分类账和明细分类账户记录的正确性。并按规定进行结账。

8. 根据总分类账户和相关明细分类账户余额编制财务会计报表和生产成本

报表。要求内容完整、数字准确、格式规范。

9. 进行会计资料的整理与装订。要求按会计工作规范进行整理与装订。

四、实训场所：院会计手工实训室

五、考核方式与评分办法

本实训课程为考查课程。在学生完成实训工作后,应向指导老师提供已经装订成册的会计凭证和会计账簿、报表资料。依据会计操作规范的要求,会计系制定各实训项目扣分标准。分别按账户开设、原始凭证填制、记账凭证编制、明细账登记、科目汇总表编制、总账登记、报表编制、会计资料装订等具体项目,分解各项目成绩。对各项目中可能存在的不规范操作作出详细的扣分标准,并按制定的扣分标准进行评判,给出实训成绩。

部分参考答案

第四章 产品成本核算的基本方法

实训一：品种法实训

1. 编制材料费用分配表，并编制记账凭证。

记账凭证 第1号
2011年3月31日 附件9张

摘要	总账科目	明细科目	借方 百十万千百十元角分		贷方 百十万千百十元角分	
领用材料	生产成本	基本生产——蛋元饼干	8 9 4 4 9 0 0 √			
		基本生产——曲奇饼干	5 5 9 5 1 0 0 √			
		辅助生产——机修车间	6 0 0 0 0 √			
	制造费用	机修车间	4 0 0 0 √			
	原材料	（见附件）			1 4 6 0 4 0 0 0	
	合 计		¥1 4 6 0 4 0 0 0		¥1 4 6 0 4 0 0 0	

会计主管　　　　　记账　　　　　复核　　　　　制单

××材料费用分配表
2011年3月31日　　　　　　　金额单位：元

应借账户			成本或费用项目	鸡蛋			其他材料		合计
总账账户	二级账户	明细账户		定额耗量	分配率	分配额	分配率	金额	
生产成本	基本生产成本	蛋元饼干	直接材料	1 752		10 849	60%	78 600	89 449
		曲奇饼干	直接材料	573.5		3 551	40%	52 400	55 951
		小计			6.192 2	14 400		131 000	145 400

续表

应借账户			成本或费用项目	鸡蛋			其他材料		合计
总账账户	二级账户	明细账户		定额耗量	分配率	分配额	分配率	金额	
生产成本	辅助生产成本	机修车间	直接材料					600	600
		小计						600	600
制造费用		饼干车间							
		机修车间						40	40
		小计						40	40
合计				14 400				131 640	146 040

会计主管　　　　　　　　复核　　　　　　　　制单

蛋元饼干本月投产数量＝16 300＋3 080－1 860＝17 520(公斤)

曲奇饼干本月投产数量＝10 800＋2 250－1 580＝11 470(公斤)

蛋元饼干本月鸡蛋消耗定量＝$17\,520 \times \frac{10}{100} = 1\,752$(公斤)

曲奇饼干本月鸡蛋消耗定量＝$11\,470 \times \frac{5}{100} = 573.5$(公斤)

鸡蛋费用分配率＝$\frac{14\,400}{1\,752 + 573.5} = 6.192\,2$

2. 编制工资及社保费用分配表,并编制记账凭证。

记　账　凭　证　　　　　　　　第 2 ½ 号

2011 年 3 月 31 日　　　　　　　　附件 3 张

摘要	总账科目	明细科目	借方 百十万千百十元角分	√	贷方 百十万千百十元角分	√
分配职工薪酬	生产成本	基本生产——蛋元饼干	3 5 0 3 4 0 0	√		
		基本生产——曲奇饼干	2 5 8 9 4 0 0	√		
		辅助生产——机修车间	7 8 8 8 0 0	√		
	制造费用	饼干车间	5 7 1 2 0 0	√		
		机修车间	3 4 0 0 0 0	√		
合　计						

会计主管　　　　　　记账　　　　　　复核　　　　　　制单

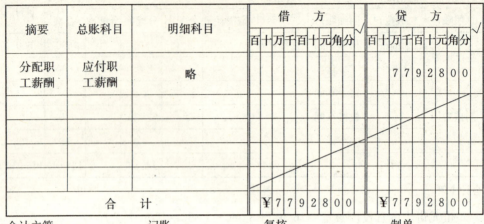

记　账　凭　证　　　　　　　　　　第 2 2/2 号
2011 年 3 月 31 日　　　　　　　　　附件　　张

摘要	总账科目	明细科目	借方 百十万千百十元角分	贷方 百十万千百十元角分
分配职工薪酬	应付职工薪酬	略		7 7 9 2 8 0 0
	合　　计		¥ 7 7 9 2 8 0 0	¥ 7 7 9 2 8 0 0

会计主管　　　　　　记账　　　　　　复核　　　　　　制单

工资及社保费用分配表

2011 年 3 月 31 日　　　　　　　　　金额单位：元

应借账户			成本项目或费用项目	工资			社保费	
总账账户	二级账户	明细账户		实际工时	分配率	分配金额	提取率	社保费用
生产成本	基本生产成本	蛋元饼干	直接人工	7 360		25 760		9 274
		曲奇饼干	直接人工	5 440		19 040		6 854
		小计		12 800	3.5	44 800		16 128
生产成本	辅助生产成本	机修车间	直接人工			5 800		2 088
		小计				5 800		2 088
制造费用		饼干车间	工资			4 200		1 512
		机修车间	工资			2 500		900
		小计				6 700		2 412
	合　　计					57 300	36%	20 628

会计主管　　　　　　　　　　复核　　　　　　　　　制单

3. 编制固定资产折旧费用分配表,并编制记账凭证。

记 账 凭 证　　　　　　　　第 3 号

2011 年 3 月 31 日　　　　　　　附件 1 张

摘要	总账科目	明细科目	借方 百十万千百十元角分	贷方 百十万千百十元角分
计提固定资产折旧	制造费用	饼干车间	4 5 0 0 0 0	
		机修车间	8 5 0 0 0	
	累计折旧			5 3 5 0 0 0
合计			¥5 3 5 0 0 0	¥5 3 5 0 0 0

会计主管　　　记账　　　复核　　　制单

固定资产折旧费用分配表

2011 年 3 月 31 日　　　　　　　　　　　金额单位:元

应借账户			成本项目或费用项目	费用金额
会计账户	二级账户	明细账户		
制造费用		饼干车间	折旧费	4 500
		机修车间	折旧费	850
折旧费用合计				5 350

会计主管　　　复核　　　制单

4. 编制外购动力费用分配表,并编制记账凭证。

记 账 凭 证　　　　　　　　第 4 号

2011 年 3 月 31 日　　　　　　　附件 1 张

摘要	总账科目	明细科目	借方 百十万千百十元角分	贷方 百十万千百十元角分
分配动力费用	制造费用	饼干车间	1 4 2 0 0 0 0	
		机修车间	5 8 0 0 0 0	
	应付账款	市电力公司		2 0 0 0 0 0 0
合计			¥2 0 0 0 0 0 0	¥2 0 0 0 0 0 0

会计主管　　　记账　　　复核　　　制单

外购动力费用分配表

2011 年 3 月

应借账户			成本项目或费用项目	费用金额
会计账户	二级账户	明细账户		
制造费用		饼干车间	电费	14 200
		机修车间	电费	5 800
外购动力费用合计				20 000

会计主管　　　　　　　　　复核　　　　　　　　　制单

5. 编制待摊费用分配表,并编制记账凭证。

记 账 凭 证　　　　第 5 号

2011 年 3 月 31 日　　　　附件 1 张

摘要	总账科目	明细科目	借方 百十万千百十元角分	贷方 百十万千百十元角分
分配待摊费用	制造费用	饼干车间	3 6 0 0 0 0	
		机修车间	1 0 0 0 0 0	
	长期待摊费用			4 6 0 0 0 0
合　计			¥ 4 6 0 0 0 0	¥ 4 6 0 0 0 0

会计主管　　　　　记账　　　　　复核　　　　　制单

长期待摊费用分摊表

2011 年 3 月　　　　　　　　　　　　　　单位：元

部　门	应摊保险费	租赁资产改良支出摊销	合　计
饼干车间	2 500	1 100	3 600
机修车间	800	200	1 000
合　计	3 300	1 300	4 600

会计主管：　　　　　　审核：　　　　　　制表：郭全福

6. 编制办公费用分配表,并编制记账凭证。

记 账 凭 证　　　　　　第 6 号
2011 年 3 月 31 日　　　　　附件 1 张

摘要	总账科目	明细科目	借方 百十万千百十元角分	√	贷方 百十万千百十元角分	√
分配办公及其他费用	制造费用	饼干车间	1 0 8 0 0 0 0	√		
		机修车间	3 5 0 0 0 0	√		
	银行存款				1 4 3 0 0 0 0	
	合　计		¥1 4 3 0 0 0 0		¥1 4 3 0 0 0 0	

会计主管　　　　　　　记账　　　　　　复核　　　　　　制单

外购办公费用及其他费用分配表
2011 年 3 月 31 日　　　　　　　　　　　单位:元

应借科目		支付费用项目		合　计
总账科目	明细科目	办公费用	其他费用	
制造费用	饼干车间	9 000	1 800	10 800
	机修车间	3 000	500	3 500
合　计		12 000	2 300	14 300

会计主管:　　　　　　　　审核:　　　　　　　　制表:

7. 登记机修车间制造费用明细账。

制造费用明细账　　　　　　　　　总第　　页
　　　　　　　　　　　　　　　　　字第　　页

车间名称:机修车间

2011年		凭证号数	摘要	借方	贷方	借或贷	余额	(借)方项目						
月	日							物料消耗	薪酬	办公费	折旧费	水电费	保险费	其他费用
3	31	1	材料费	40		借	40	40						
		2½	职工薪酬	3 400		借	3 440		3 400					
		3	折旧费	850		借	4 290				850			
		4	动力费	5 800		借	10 090					5 800		
		5	摊销费用	1 000		借	11 090						800	200
		6	办公及其他	3 500		借	14 590			3 000				500

续表

2011年		凭证号数	摘要	借方	贷方	借或贷	余额	(借)方项目					
月	日							物料消耗	薪酬	办公费	折旧费	水电费	保险费	其他费用
		7	转出		14 590	平	0	40	3 400	3 000	850	5 800	800	700

8. 编制结转机修车间制造费用的记账凭证。

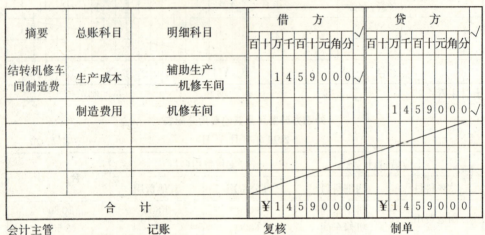

记 账 凭 证　　　　　第 7 号
2011 年 3 月 31 日　　　　附件　张

摘要	总账科目	明细科目	借方 百十万千百十元角分	贷方 百十万千百十元角分
结转机修车间制造费	生产成本	辅助生产——机修车间	1 4 5 9 0 0 0 √	
	制造费用	机修车间		1 4 5 9 0 0 0 √
		合　　计	¥ 1 4 5 9 0 0 0	¥ 1 4 5 9 0 0 0

会计主管　　　　记账　　　　复核　　　　制单

9. 登记辅助生产成本明细账。

辅助生产成本明细账　　　　　　总第　页
辅助生产车间：机修车间　　　产品或劳务：修理劳务　　　字第　页

2011年		凭证		摘　要	成本项目			合　计
月	日	字	号		直接材料	直接人工	制造费用	
3	31		1	材料费用分配	600			600
			2½	人工费用分配		7 888		7 888
			7	制造费用分配			14 590	14 590
	31			生产费用合计	600	7 888	14 590	23 078
			8	分配辅助生产	600	7 888	14 590	23 078

10. 编制辅助生产费用分配表,并编制记账凭证。

记 账 凭 证

2011 年 3 月 31 日   第 8 号   附件 1 张

摘要	总账科目	明细科目	借方 百十万千百十元角分	贷方 百十万千百十元角分
分配机修车间费用	制造费用	饼干车间	1 7 5 5 9 0 0	
	管理费用		5 5 1 9 0 0	
	生产成本	辅助生产——机修车间		2 3 0 7 8 0 0
	合 计		¥ 2 3 0 7 8 0 0	¥ 2 3 0 7 8 0 0

会计主管：　　　　　记账：　　　　　复核：　　　　　制单：

辅助生产费用分配表(直接分配法)

2011 年 3 月 31 日　　　　　　　　　金额单位：元

项 目			机修车间	金额合计
归集的辅助生产费用			23 078	23 078
提供给辅助车间以外的劳务量			920	
辅助费用分配率			25.084 8	
应借账户	制造费用	饼干车间 接受劳务量	700	
		应负担费用	17 559	17 559
	管理费用	接受劳务量	220	
		应负担费用	5 519	5 519
分配费用额合计			23 078	23 078

会计主管：　　　　　　　　审核：　　　　　　　　制单：

11. 登记饼干车间制造费用明细账。

制造费用明细账　　　　　　　　　　　　总第　页
车间名称：饼干车间　　　　　　　　　　　　　字第　页

2011年		证号数	摘要	借方	贷方	借或贷	余额	(借)方项目					
月	日							物料消耗	人工费用	折旧费	水电费	保险费	其他费用	机修费用
3	31	2 ½	职工薪酬	5 712		借	5 712		5 712					
		3	折旧费	4 500		借	10 212			4 500				
		4	电费	14 200		借	24 412				14 200			
		5	摊销费用	3 600		借	28 012					2 500	1 100	
		6	其他费用	10 800		借	38 812						10 800	
		8	机修费用	17 559		借	56 371							17 559
		9	分配		56 371	平	0	5 712	4 500	14 200	2 500	11 900	17 559

注：此行数据物料消耗列为空，人工费用5712，折旧费4500，水电费14200，保险费2500，其他费用11900，机修费用17559。

12. 编制饼干车间制造费用分配表，并编制记账凭证。

记　账　凭　证　　　　　　　　　　　第9号
2011年3月31日　　　　　　　　　　　附件1张

摘要	总账科目	明细科目	借　方	贷　方
			百十万千百十元角分	百十万千百十元角分
分配制造费用	生产成本	基本生产——蛋元饼干	3 2 4 1 3 0 0 √	
		基本生产——曲奇饼干	2 3 9 5 8 0 0 √	
	制造费用	饼干车间		5 6 3 7 1 0 0 √
		合　　　计	￥5 6 3 7 1 0 0	￥5 6 3 7 1 0 0

会计主管　　　　记账　　　　复核　　　　制单

制造费用分配表

车间名称：饼干车间　　　2011年3月31日

应借科目			分配标准(生产工时)	分配率	分配金额(元)
生产成本	基本生产成本	蛋元饼干	7 360		32 413
		曲奇饼干	5 440		23 958
		合　　计	12 800	4.404 0	56 371

会计主管　　　　　　　复核　　　　　　　制单

13. 登记基本生产成本明细账。

基本生产成本明细账　　　　　　　　　　　　　总第　页

产品名称：蛋元饼干　　生产车间：饼干车间　　投产时间：　　　　字第　页

2011年		凭证		摘要	产量(公斤)	成本项目			合计
月	日	字	号			直接材料	直接人工	制造费用	
3	31			月初在产品成本	1 860	9 580	1 860	1 230	12 670
			1	分配材料费用	17 520	89 449			89 449
		2	½	分配人工费用			35 034		35 034
			9	分配制造费用				32 413	32 413
	31			本月生产费用合计	19 380	99 029	36 894	33 643	169 566
			10	转出完工产品成本	16 300	83 290	33 709	30 739	147 738
				月末在产品成本	3 080	15 739	3 185	2 904	21 828

基本生产成本明细账　　　　　　　　　　　　　总第　页

产品名称：曲奇饼干　　生产车间：饼干车间　　投产时间：　　　　字第　页

2011年		凭证		摘要	产量(公斤)	成本项目			合计
月	日	字	号			直接材料	直接人工	制造费用	
3	31			月初在产品成本	1 580	7 900	1 580	1 100	10 580
			1	分配材料费用	11 470	55 951			55 951
		2	½	分配人工费用			25 894		25 894
			9	分配制造费用				23 958	23 958
				本月生产费用合计	13 050	63 851	27 474	25 058	116 383
			10	转出完工产品成本	10 800	52 842	24 882	22 694	100 418
				月末在产品成本	2 250	11 009	2 592	2 364	15 965

14. 在本月完工产品与月末在产品之间分配生产费用,编制生产费用分配表;编制产品成本计算单,编制完工产品入库的记账凭证。

记 账 凭 证 第 10 号

2011 年 3 月 31 日   附件 4 张

摘要	总账科目	明细科目	借方	贷方
分配生产费用	库存商品	蛋元饼干	14 773 8 00	
		曲奇饼干	10 041 8 00	
	生产成本	基本生产——蛋元饼干		14 773 8 00 ✓
		基本生产——曲奇饼干		10 041 8 00 ✓
	合 计		¥ 24 815 6 00	¥ 24 815 6 00

会计主管　　　　　记账　　　　　复核　　　　　制单

蛋元饼干生产费用分配表

生产车间:饼干车间　　　2011 年 3 月 31 日　　　金额单位:元

项　　目	成本项目			金额合计
	直接材料	直接人工	制造费用	
月初在产品成本	9 580	1 860	1 230	12 670
本月发生生产费用	89 449	35 034	32 413	156 896
本月生产费用合计	99 029	36 894	33 643	169 566
本月完工产品数量		16 300		
月末在产品数量		3 080		
在产品约当产量	3 080	1 540	1 540	
约当总产量	19 380	17 840	17 840	
费用分配率	5.110	2.068	1.886	
月末在产品成本	15 739	3 185	2 904	21 828
完工产品总成本	83 290	33 709	30 739	147 738
完工产品单位成本	5.110	2.068	1.886	9.064

会计主管　　　　　　　　复核　　　　　　　　制单

曲奇饼干生产费用分配表

生产车间：饼干车间　　　　　2011 年 3 月 31 日　　　　　金额单位：元

项　目	成本项目			金额合计
	直接材料	直接人工	制造费用	
月初在产品成本	7 900	1 580	1 100	10 580
本月发生生产费用	55 951	25 894	23 958	105 803
本月生产费用合计	63 851	27 474	25 058	116 383
本月完工产品数量		10 800		
月末在产品数量		2 250		
在产品约当产量	2 250	1 125	1 125	
约当总产量	13 050	11 925	11 925	
费用分配率	4.892 8	2.303 9	2.101 3	
月末在产品成本	11 009	2 592	2 364	15 965
完工产品总成本	52 842	24 882	22 694	100 418
完工产品单位成本	4.892 8	2.303 9	2.101 3	9.298 0

会计主管　　　　　　　　　复核　　　　　　　　　制单

产品成本计算单

产品名称：蛋元饼干　　　　　2011 年 3 月 31 日　　　　　本月完工：16 300　　月末在产品：3 080

项　目	直接材料	直接人工	制造费用	合　计
月初在产品成本	9 580	1 860	1 230	12 670
本月生产费用	89 449	35 034	32 413	156 896
生产费用合计	99 029	36 894	33 643	169 566
完工产品成本	83 290	33 709	30 739	147 738
单位成本	5.110	2.068	1.886	9.064
月末在产品成本	15 739	3 185	2 904	21 828

产品成本计算单

产品名称：曲奇饼干　　　2011 年 3 月 31 日　　　本月完工：10 800　　月末在产品：2 250

项　目	直接材料	直接人工	制造费用	合　计
月初在产品成本	7 900	1 580	1 100	10 580
本月生产费用	55 951	25 894	23 958	105 803
生产费用合计	63 851	27 474	25 058	116 383
完工产品成本	52 842	24 882	22 694	100 418
单位成本	4.892 8	2.303 9	2.101 3	9.298 0
月末在产品成本	11 009	2 592	2 364	15 965

实训二：分批法实训

基本生产成本明细账

批别名称：603　　产品名称：车床　　投产时间：6 月　　总第　页　字第　页

××年		凭证		摘　要	成本项目			合　计
月	日	字	号		直接材料	直接人工	制造费用	
				月初在产品成本	318 400	20 000	18 060	356 460
				本月生产费用	300 000	12 800	11 920	324 720
				生产费用累计	618 400	32 800	29 980	681 180
				结转完工产品成本	618 400	32 800	29 980	681 180

基本生产成本明细账

批别名称：701　　产品名称：铣床　　投产时间：7 月　　总第　页　字第　页

××年		凭证		摘　要	成本项目			合　计
月	日	字	号		直接材料	直接人工	制造费用	
				月初在产品成本	—	—	—	
				本月生产费用	100 000	7 200	4 340	111 540
				生产费用累计	100 000	7 200	4 340	111 540
				月末在产品成本	100 000	7 200	4 340	111 540

基本生产成本明细账

批别名称：702　　产品名称：刨床　　投产时间：7月

总第　页
字第　页

××年		凭证		摘　要	成本项目			合　计
月	日	字	号		直接材料	直接人工	制造费用	
				月初在产品成本	—	—	—	—
				本月生产费用	340 000	108 600	124 200	572 800
				生产费用累计	340 000	108 600	124 200	572 800
				单台定额成本	11 000	6 200	3 300	20 500
				完工10台产品成本	110 000	62 000	33 000	205 000
				月末在产品成本	230 000	46 600	91 200	367 800

基本生产成本明细账

批别名称：509　　产品名称：磨床　　投产时间：5月

总第　页
字第　页

××年		凭证		摘　要	成本项目			合　计
月	日	字	号		直接材料	直接人工	制造费用	
				月初在产品成本	2 330 400	200 000	354 200	2 884 600
				本月生产费用	—	16 000	104 800	120 800
				生产费用累计	2 330 400	216 000	459 000	3 005 400
				结转完工产品成本	1 747 800	180 000	382 500	2 310 300
				月末在产品成本	582 600	36 000	76 500	695 100

完工产品单位产品费用分配率计算如下：

直接材料费用分配率＝2 330 400/(90＋30)＝19 420

直接人工分配率＝216 000/(90＋30×60%)＝2 000

制造费用分配率＝459 000/(90＋30×60%)＝4 250

实训三：简化分批法实训

基本生产成本二级账

金额：元

××年		摘要	直接材料	生产工时(小时)	直接人工	制造费用	合　计
月	日						
8	31	本月累计	57 800	38 820	15 528	23 292	96 620
	31	分配率			0.4	0.6	
	31	完工转出	27 600	23 020	9 208	13 812	50 620
	31	月末在产品	30 200	15 800	6 320	9 480	46 000

注：表中的分配率计算方法：直接人工分配率＝15 528÷38 820＝0.4,制造费用分配率＝23 292÷38 820＝0.6

基本生产成本明细账

批号：7720　　　　　　　　　　　　　　　　　　　　　　　　　品名：甲产品
完工产量：8件(7月投产,8月全部完工)　　　　　　　　　　　　　单位：元

××年		摘要	直接材料	生产工时(小时)	直接人工	制造费用	合　计
月	日						
7	31	本月累计	8 000	4 000			
8	31	本月发生	10 000	5 020			
	31	本月累计	18 000	9 020			
	31	分配率			0.4	0.6	
	31	分配费用			3 608	5 412	9 020
	31	完工转出	18 000	9 020	3 608	5 412	27 020

基本生产成本明细账

批号：7721　　　　　　　　　　　　　　　　　　　　　　　　　品名：乙产品
完工产量：10件(7月投产,8月完工4件)　　　　　　　　　　　　　单位：元

××年		摘要	直接材料	生产工时(小时)	直接人工	制造费用	合　计
月	日						
7	31	本月累计	4 000	1 500			
8	31	本月发生	20 000	20 000			
	31	本月累计	24 000	21 500			
	31	分配率			0.4	0.6	
	31	完工分配费用	14 000	5 600	8 400	14 000	

续表

××年		摘要	直接材料	生产工时（小时）	直接人工	制造费用	合计
月	日						
	31	完工转出	9 600	14 000	5 600	8 400	23 600
	31	月末在产品	14 400	7 500			

注：表中的直接材料，采用约当产量法进行分配，完工转出的成本＝(24 000÷10)×4＝9 600(元)

基本生产成本明细账

批号：7822 品名：丙产品
完工产量：5件(8月投产，尚未完工) 单位：元

××年		摘要	直接材料	生产工时（小时）	直接人工	制造费用	合计
月	日						
8	31	本月累计	5 600	3 200			

基本生产成本明细账

批号：7823 品名：丁产品
完工产量：15件(8月投产，尚未完工) 单位：元

××年		摘要	直接材料	生产工时（小时）	直接人工	制造费用	合计
月	日						
8	31	本月累计	5 200	3 000			

基本生产成本明细账

批号：7824 品名：戊产品
完工产量：12件(8月投产，尚未完工) 单位：元

××年		摘要	直接材料	生产工时（小时）	直接人工	制造费用	合计
月	日						
8	31	本月累计	5 000	2 100			

实训四：逐步结转分步法实训

（1）编制第一车间的成本计算单，计算第一车间的 A 半成品的实际生产成本。

产品成本计算单

产品名称：A 半成品　　　　　　车间：第一车间　　　　　　单位：元

摘　　要	直接材料	直接人工	制造费用	合　　计
月初在产品成本	1 000	60	100	1 160
本月发生的生产费用	18 400	2 200	2 400	23 000
生产费用合计	19 400	2 260	2 500	24 160
约当产量合计	200	180	180	
单位成本	97	12.56	13.89	123.45
完工的 A 半成品的生产成本	15 520	2 009.60	2 222.40	19 752
月末在产品成本	3 880	250.40	277.60	4 408

注：直接材料的约当产量合计＝160＋40＝200（件）；直接人工、制造费用的约当产量合计＝160＋40×50%＝180（件）。

（2）编制第二车间的成本计算单，计算第二车间的 B 半成品的实际成本。

产品成本计算单

产品名称：B 半成品　　　　　　车间：第二车间　　　　　　单位：元

摘　　要	半成品	直接人工	制造费用	合　　计
月初在产品成本	6 172.50	200	120	6 492.50
本月发生的生产费用	19 752	3 200	4 800	27 752
生产费用合计	25 924.50	3 400	4 920	34 244.50
约当产量合计	210	195	195	
单位成本（分配率）	123.45	17.44	25.23	166.12
完工的 B 半成品的生产成本	22 221	3 139.20	4 541.40	29 901.60
月末在产品成本	3 703.50	260.80	378.60	4 342.90

注：自制半成品的约当产量合计＝180＋30＝210（件）；直接人工、制造费用的约当产量合计＝180＋30×50%＝195（件）。

根据上表的计算结果，通过仓库收发的半成品，应编制结转完工入库半成品成本的会计分录，并在半成品明细账中进行登记。

结转完工入库半成品成本的会计分录如下：

借：自制半成品——B 半成品　　　　　　29 901.60
　　贷：基本生产成本——第二车间（B 半成品）　　　　　　29 901.60

（3）登记 B 半成品明细账并计算第三车间领用 B 半成品的实际成本。该企业采用先进先出法计算领用B半成品成本。

自制半成品明细账

品名：B半成品　　　　　　　　20××年

××年		凭证	摘要	收入			发出			结存		
月	日			数量	单价	金额	数量	单价	金额	数量	单价	金额
8	31		本月合计							20	135	2 700
9	30	略	二车间交库	180	166.12	29 901.60				20 180	135 166.12	2 700 29 901.60
	30		三车间领用				20 160	135 166.12	2 700 26 579.2	20	166.12	3 322.4
	30		本月合计	180	166.12	29 901.60	180		29 279.2	20	166.12	3 322.4

由于采用先进先出法进行发出半成品的计价，第三车间本月领用180件B半成品，共计：2 700+160×166.12＝29 279.2(元)。根据自制半成品明细账有关三车间领用B半成品成本的计算结果，编制第三车间领用B半成品的会计分录如下：

　　借：基本生产成本——第三车间　　　　　29 279.2
　　　　贷：自制半成品——B半成品　　　　　　　　　　29 279.2

上述会计分录应计入自制半成品明细账和第三车间的成本计算单内。

(4) 编制第三车间的产品成本计算单，计算甲产品的生产成本。

产品成本计算单

产品名称：甲产品　　　　　车间：第三车间　　　　　　单位：元

摘　　要	半成品	直接人工	制造费用	合　　计
月初在产品成本	6 644.80	180	160	6 984.80
本月发生的生产费用	29 279.20	3 450	2 550	35 279.2
生产费用合计	35 924	3 630	2 710	42 264
约当产量合计	220	210	210	
单位成本(分配率)	163.29	17.29	12.90	193.48
完工甲产品的生产成本	32 658	3 458	2 580	38 696
月末在产品成本	3 266	172	130	3 568

注：自制半成品的约当产量合计＝200+20＝220(件)；直接人工、制造费用的约当产量合计＝200+20×50%＝210(件)。

根据产品成本计算单和产成品的入库单,编制结转完工入库产品生产成本的会计分录:

借:库存商品——甲成品　　　　　　　　　　　　38 696
　　贷:基本生产成本——三车间　　　　　　　　　　　　38 696

产品成本还原计算表

品名:甲产品　　　　　　　　　　　　　　　　　　　　产量:200 件

行次	项目	还原分配率	B半成品	A半成品	直接材料	直接人工	制造费用	合计
1	还原前甲产品生产成本		32 658			3 458	2 580	38 696
2	B半成品成本			22 221	3 139.20	4 541.40	29 901.60
3	第一次成本还原	32 658÷29 901.60 =1.092	−32 658	24 265		3 428	4 959	
4	A半成品成本				15 520	2 009.60	2 222.4	19 752
5	第二次成本还原	24 265÷19 752 =1.228		−24 265	19 059	2 468	2 729	
6	还原后甲产品生产成本				19 059	9 354	10 268	38 696
7	甲产品单位生产成本				95	47	51	193

实训五:平行结转分步法实训之一

(1)编制各生产步骤的约当产量的计算表。

各生产步骤约当产量的计算表

摘要	直接材料	直接人工	制造费用
第一车间步骤的约当产量	290 (200+40+30+20)	270 (200+40×50%+30+20)	270
第二车间步骤的约当产量	250 (200+20+30)	235 (200+30×50%+20)	235
第三车间步骤的约当产量	220 (200+20)	210 (200+20×50%)	210

(2)编制各生产步骤的成本计算单。

产品成本计算单

车间：第一车间　　　　　品名：丁产品（D 半成品）　　　　　单位：元

摘　　要	直接材料	直接人工	制造费用	合　　计
月初在产品成本	1 000	60	100	1 160
本月发生费用	18 400	2 200	2 400	23 000
合计	19 400	2 260	2 500	24 160
第一步骤的约当产量	290	270	270	
分配率	66.90	8.37	9.26	
应计入产成品成本份额	13 380	1 674	1 852	16 906
月末在产品成本	6 020	586	648	7 254

产品成本计算单

车间：第二车间　　　　　品名：丁产品（H 半成品）　　　　　单位：元

摘　　要	直接人工	制造费用	合　　计
月初在产品成本	200	120	320
本月发生费用	3 200	4 800	8 000
合计	3 400	4 920	8 320
第二步骤约当产量	235	235	
分配率	14.47	20.94	
应计入产成品成本份额	2 894	4 188	7 082
月末在产品成本	506	732	1 238

产品成本计算单

车间：第三车间　　　　　品名：丁产品　　　　　单位：元

摘　　要	直接人工	制造费用	合　　计
月初在产品成本	180	160	340
本月发生费用	3 450	2 550	6 000
合计	3 630	2 710	6 340
第三步骤约当产量	210	210	
分配率	17.29	12.90	
应计入产成品成本份额	3 458	2 580	6 038
月末在产品成本	172	130	302

(3) 编制产品成本汇总表。

产品成本汇总计算表

产品名称：丁产品

项目	数量	直接材料	直接人工	制造费用	总成本	单位成本
第一车间		13 380	1 674	1 852	16 906	84.53
第二车间			2 894	4 188	7 082	35.41
第三车间			3 458	2 580	6 038	30.19
合　计	200	13 380	8 026	8 620	30 026	150.13

根据产品成本汇总计算表和产成品入库单，编制结转完工入库产品生产成本的会计分录如下：

借：库存商品——丁产品　　　30 026
　　贷：基本生产成本——第一车间　　　16 906
　　　　　　　　　　——第二车间　　　7 082
　　　　　　　　　　——第三车间　　　6 038

第五章　产品成本核算的辅助方法

实训一：分类法实训

(1) 计算甲类完工产品的生产成本

根据成本资料，运用品种法的成本计算原理，计算出本月甲类产品的本月完工产品成本和月末在产品成本。

成本计算单

产品：甲类产品　　　2011年11月　　　单位：元

2011年		摘　要	直接材料	直接人工	制造费用	合　计
月	日					
10	31	期初在产品成本(定额成本)	20 955	6 765	22 275	49 995
11	30	本月发生的生产费用	26 670	9 250	30 045	65 965
	30	生产费用合计	47 625	16 015	52 320	115 960
	30	本月完工甲类产品成本	32 385	9 660	31 395	73 440
	30	期末甲类在产品成本 (定额成本)	15 240	6 355	20 925	42 520

注：期末甲类在产品成本计算方法：① 直接材料=100×60+100×55+50×74.80=15 240(元)；② 直接人工=100×25+100×30+50×17.10=6 355(元)；③ 制造费用=100×82.5+100×79+50×95.50=20 925(元)。

(2) 计算甲类产品的类内 A、B、C 产品的生产成本

① 根据各产品所耗各种原材料的消耗定额、计划单价、费用总定额,以及工时定额编制系数计算表如下。

各种产品系数计算表

产品:甲类产品　　　　　2011 年 11 月

产品名称		加工费用系数		直接材料系数	
		单位产品工时定额	人工和制造费用系数	单位产品材料定额	原材料费用系数
甲类产品	A 产品	16	16÷10=1.6	212.80	212.80÷266.00=0.8
	B 产品(标准产品)	10	1	266.00	1
	C 产品	11	11÷10=1.1	345.80	345.80÷266.00=1.3

② 根据各种产品的产量、原材料费用系数、人工和制造费用系数计算总系数(或标准产量)。

产品总系数计算表

产品:甲类产品　　　　　2011 年 11 月

品名	产品产量(件)	人工和制造费用分配总系数		材料费用分配总系数	
		系数	总系数	系数	总系数
A 产品	120	1.6	192	0.8	96
B 产品	90	1	90	1	90
C 产品	150	1.1	165	1.3	195
合　计			447		381

③ 根据甲类产品的生产成本明细账中 11 月份产成品的成本资料,编制该类各种产成品成本计算表如下。

甲类内的各种产品成本计算表

产品类别:甲类产品　　　2011 年 11 月　　　　　金额单位:元

项　目	产量(件)	原材料费用总系数	直接材料分配额	加工费用总系数	直接工资分配额	制造费用分配额	各种产品总成本	单位成本
甲类产品成本			32 385		9 660	31 395	73 440	
分配率			85		21.610 7	70.234 9		

续表

项 目	产量(件)	原材料费用总系数	直接材料分配额	加工费用总系数	直接工资分配额	制造费用分配额	各种产品总成本	单位成本
A产品	120	96	8 160	192	4 149.25	13 485.10	25 794.35	214.95
B产品	90	90	7 650	90	1 944.96	6 321.14	15 916.10	176.85
C产品	150	195	16 575	165	3 565.79	11 588.76	31 729.55	211.53
合计		381	32 385	447	9 660	31 395	73 440	

注：表中的直接材料费用分配率＝32 385÷381＝85；直接工资费用分配率＝9 660÷447＝21.610 7；制造费用分配率＝31 395÷447＝70.234 9

根据表的成本计算单和产品入库单，编制结转完工入库产品成本的会计分录：

借：库存商品——A产品　　　　　　　　　25 794.35
　　　　　　——B产品　　　　　　　　　15 916.10
　　　　　　——C产品　　　　　　　　　31 729.55
　　贷：生产成本——基本生产成本——甲类产品　73 440

实训二：定额法实训

(一) 产品成本计算定额法实训之一

(1) 计算本月定额成本和脱离定额差异

定额成本和脱离定额差异汇总表

产品：甲产品　　　　　　20××年10月　　　　　　单位：元

成本项目	定额成本	实际费用	脱离定额差异
直接材料	47 500	48 000	+500
直接人工	13 500	13 950	+450
制造费用	11 250	10 800	−450
合计	72 250	72 750	+500

直接材料定额成本＝100×475＝47 500(元)
直接人工定额成本＝3×4 500＝13 500(元)
制造费用定额成本＝2.5×4 500＝11 250(元)

(2) 计算材料成本差异

甲产品材料成本差异＝(47 500＋500)×(+2%)＝+960(元)

(3) 计算月初在产品定额变动差异

甲产品定额变动系数＝475÷500＝0.95
月初定额变动差异＝5 000×(1−0.95)＝250(元)

(4) 编制生产费用分配的会计分录

① 领料和结转材料成本差异

借:生产成本——甲产品(材料定额成本)　　　　47 500
　　　　——甲产品(脱离定额差异)　　　　　　500
　　贷:原材料　　　　　　　　　　　　　　　　　　48 000
借:生产成本——甲产品(材料成本差异)　　　　960
　　贷:材料成本差异　　　　　　　　　　　　　　　960
② 结转直接人工费用
借:生产成本——甲产品(人工定额成本)　　　　13 500
　　　　——甲产品(脱离定额差异)　　　　　　450
　　贷:应付职工薪酬　　　　　　　　　　　　　　　13 950
③ 分配制造费用
借:生产成本——甲产品(制造费用定额成本)　　11 250
　　　　——甲产品(脱离定额差异)　　　　　　450
　　贷:制造费用　　　　　　　　　　　　　　　　　10 800
④ 月初在产品定额成本变动差异不进行账务处理。
(5) 编制产品成本计算单

产品成本计算单

产品名称:甲产品　　　　20××年10月　　　　产量:80件

成本项目		直接材料	直接人工	制造费用	合计
月初在产品成本	定额成本	5 000	750	625	6 375
	脱离定额差异	−100	+50	+25	−25
月初在产品定额变动	定额成本调整	−250			−250
	定额变动差异	+250			+250
本月生产费用	定额成本	47 500	13 500	11 250	72 250
	脱离定额差异	+500	+450	−450	+500
	材料成本差异	+960			+960
生产费用合计	定额成本	52 500	14 250	11 875	78 625
	脱离定额差异	+400	+500	−425	+475
	材料成本差异	+960			+960
	定额变动差异	+250			+250
脱离定额差异分配率		0.007 7	0.035 09	−0.035 8	
完工产品成本	定额成本	38 000	12 000	10 000	60 000
	脱离定额差异	+288.8	+421.1	−358	+351.9
	材料成本差异	+960			+960
	定额变动差异	+250			+250
	实际成本	39 210	12 421.1	9 642	61 561.9
月末在产品成本	定额成本	14 250	2 250	1 875	18 375
	脱离定额差异	111.2	78.9	−67	+123.1

$$\text{脱离定额差异分配率} = \frac{\text{脱离定额差异}}{\text{完工产品定额成本} + \text{月末在产品定额成本}}$$

$$\text{直接材料脱离定额差异分配率} = \frac{400}{38\,000 + 14\,250} = 0.007\,7$$

$$\text{直接人工脱离定额差异分配率} = \frac{500}{12\,000 + 2\,250} = 0.035\,09$$

$$\text{制造费用脱离定额差异分配率} = \frac{-425}{10\,000 + 1\,875} = -0.035\,8$$

(6) 编制结转完工产品成本的会计分录
借：库存商品——甲产品　　　　　　　　　　　　61 561.90
　　贷：生产成本——甲产品　　　　　　　　　　　61 561.90

(二) 产品成本计算定额法实训之二
(1) 根据资料计算甲产品的成本和脱离定额差异
① 本月投入 400 件甲产品的定额成本
直接材料定额成本=400×450=180 000(元)
直接人工定额成本=400×60=24 000(元)
制造费用定额成本=400×40=16 000(元)
② 本月完工 420 件甲产品的定额成本
直接材料定额成本=420×450=189 000(元)
直接人工定额成本=420×60=25 200(元)
制造费用定额成本=420×40=16 800(元)
③ 计算脱离定额差异
直接材料定额差异=200 000-180 000=20 000(元)
直接人工定额差异=26 000-24 000=2 000(元)
制造费用定额差异=16 500-16 000=500(元)
(2) 计算材料成本差异
200 000×(-1％)= -2 000(元)
(3) 计算月初在产品的定额变动差异
(100-90)×5×50=2 500(元)
(4) 编制产品成本计算单

产品成本计算单

产品：甲产品　　　　　　　　　20××年8月　　　　　　　　　产量：420 件

项　　　目	直接材料	直接人工	制造费用	合计
一、月初在产品成本				
定额成本	25 000	1 500	1 000	27 500

续表

项　目	直接材料	直接人工	制造费用	合计
脱离定额差异	+2 000	+100	+80	+2 180
二、月初在产品定额调整				
定额成本调整	-2 500			-2 500
定额变动差异	+2 500			+2 500
三、本月发生生产费用				
定额成本	180 000	24 000	16 000	220 000
脱离定额差异	+20 000	+2 000	+500	+22 500
材料成本差异	-2 000			-2 000
四、生产费用合计				
定额成本	202 500	25 500	17 000	245 000
脱离定额差异	+22 000	+2 100	+580	+24 680
材料成本差异	-2 000			-2 000
定额变动差异	+2 500			+2 500
五、差异分配率	10.864 2%	8.235 3%	3.411 8%	—
六、完工产品成本				
定额成本	189 000	25 200	16 800	231 000
脱离定额差异	+20 533	+2 075	+573	+23 181
材料成本差异	-2 000			-2 000
定额变动差异	+2 500			+2 500
实际成本	210 025	27 276	17 373	254 674
七、在产品成本				
定额成本	13 500	300	200	14 000
脱离定额差异	1 467	25	7	1 499

第六章　成本报表

实训一：商品产品成本表编制的实训

根据资料编制商品产品成本表如下：

商品产品成本表

编制单位：北方工具厂　　　　　　　　　20××年12月　　　　　　　　　单位：元

产品名称	计量单位	实际产量 本月	实际产量 本年累计	单位成本 上年实际平均	单位成本 本年计划	单位成本 本月实际	单位成本 本年累计实际平均	本月总成本 按上年实际平均单位成本	本月总成本 按本年计划单位成本	本月总成本 本月实际	本年累计总成本 按上年实际平均单位成本计算	本年累计总成本 按本年计划单位成本计算	本年累计总成本 本年实际
		(1)	(2)	(3)	(4)	(5)=(9)÷(1)	(6)=(12)÷(2)	(7)=(1)×(3)	(8)=(1)×(4)	(9)	(10)=(2)×(3)	(11)=(2)×(4)	(12)
可比产品合计								98 100	94 200	93 420	862 200	827 700	838 665
1. 甲产品	件	90	765	600	580	555	573	54 000	52 200	49 950	459 000	443 700	438 345
2. 乙产品	件	105	960	420	400	414	417	44 100	42 000	43 470	403 200	384 000	400 320
不可比产品合计									16 200	16 560		170 100	171 990
丙产品	件	60	630		270	276	273		16 200	16 560		170 100	171 990
全部商品产品成本									110 400	109 980		997 800	1 010 655

补充资料(本年累计实际成本)

1. 可比产品成本降低额为：23 535元(本年计划降低额32 200元)
2. 可比产品成本降低率为：2.73%(本年计划降低率4%)
3. 按现行价格计算的商品值1 698 450元
4. 产值成本率59.5元/百元(本年计划为56元/百元)。

实训二：主要产品单位成本表编制的实训

根据资料编制主要产品单位成本表如下：

主要产品单位成本表

编制单位：北方工具厂　　　　　　　　　20××年12月　　　　　　　　　单位：元

产品名称		甲产品		本月实际产量		90
规格				本年累计实际产量		765
计量单位		件		销售单价		930
成本项目	行次	历史先进水平 19××年	上年实际平均	本年计划	本月实际	本年累计实际平均
		(1)	(2)	(3)	(4)	(5)
直接材料	1	279	315	300	285	294
直接工资	2	135	156	150	147	153
制造费用	3	114	129	130	123	126
产品生产成本		528	600	580	555	573

实训三：制造费用明细表编制的实训

根据资料编制制造费用明细表如下：

制造费用明细表

编制单位：北方工具厂　　　　　20××年12月　　　　　　　　单位：元

费用项目	行次	本月计划	上年同期实际	本月实际	本年累计实际
职工薪酬	1	2 712	2 655	2 769	30 280
办公费	2	800	700	800	9 200
折旧费	3	3 300	3 000	3 350	36 860
修理费	4	1 160	1 040	1 180	12 440
运输费	5	1 500	1 380	1 300	15 700
租赁费	6	600	450	650	7 400
保险费	7	800	700	820	9 120
水电费	8	500	400	500	5 460
劳动保护费	9	400	300	430	4 880
机物料消耗	10	210	180	220	2 470
其他	11	153	127	170	1 400
合计	12	12 135	10 932	12 189	135 210

第七章　成本分析

实训一：商品产品成本表分析的实训

全部商品产品成本计划完成情况表（按产品类别）

编制单位：北方工具厂　　　　　20××年度　　　　　　　　单位：元

产品名称	单位	产量		单位成本			总成本			降低指标	
		计划	实际	上年	计划	实际	按上年计算	按计划计算	按实际计算	成本降低额	成本降低率
可比产品							862 200	827 700	838 665	−10 965	−1.32%
甲	件	720	765	600	580	573	459 000	443 700	438 345	5 355	1.21%
乙	件	890	960	420	400	417	403 200	384 000	400 320	−16 320	−4.25%
不可比产品							170 100	171 990		−1 890	−1.11%
丙	件	650	630		270	273	170 100	171 990		−1 890	−1.11%
全部商品产品							997 800	1 010 655		−12 855	−1.29%

注：降低指标中"−"号表示上升（下同）。

全部商品产品成本计划完成情况表(按成本项目类别)

编制单位：北方工具厂　　　　　　20××年度　　　　　　单位：元

成本项目	全部商品产品成本		降低指标	
	计划	实际	成本降低额	成本降低率
直接材料	598 680	655 885	－57 205	－9.56%
直接人工	249 450	219 560	29 890	11.98%
制造费用	149 670	135 210	14 460	9.66%
生产成本	997 800	1 010 655	－12 855	－1.29%

可比产品成本降低任务完成情况分析表(一)

编制单位：北方工具厂　　　　　　20××年度　　　　　　单位：元

可比产品名称	计划产量	单位成本		总成本		计划成本降低任务	
		上年	计划	上年	计划	成本降低额	成本降低率
甲	720	600	580	432 000	417 600	14 400	3.33%
乙	890	420	400	373 800	356 000	17 800	4.76%
合计				805 800	773 600	32 200	4%

可比产品成本降低任务完成情况分析表(二)

编制单位：北方工具厂　　　　　　20××年度　　　　　　单位：元

可比产品名称	实际产量	单位成本			总成本			降低情况	
		上年	计划	实际	上年	计划	实际	成本降低额	成本降低率
甲	765	600	580	573	459 000	443 700	438 345	20 655	4.5%
乙	960	420	400	417	403 200	384 000	400 320	2 880	0.71%
合计					862 200	827 700	838 665	23 535	2.73%

实训二：主要产品单位成本表分析的实训

甲产品单位成本分析表

编制单位：北方工具厂　　　　　　20××年度　　　　　　单位：元

项目	计划成本	实际成本	升降情况		各项目升降对单位成本影响的百分率(%)
			降低额	降低率(%)	
直接材料	300	294	＋6	＋2	＋1.03
直接人工	150	153	－3	－2	－0.52
制造费用	130	126	＋4	＋3.1	＋0.69
合计	580	573	＋7	＋1.21	＋1.2

注："－"为上升，"＋"为降低。

甲产品单位材料成本对比表

编制单位：北方工具厂　　　　　20××年度　　　　　　　　　　　单位：元

计划			实际		
单耗(千克)	材料单价	材料成本	单耗(千克)	材料单价	材料成本
12.5	24	300	12.5	23.52	294

材料成本变动对甲产品成本降低的影响＝300－294＝6(元)

其中：单耗变动对单位产品材料成本的影响＝(12.5－12.5)×24＝0(元)

　　　材料单价变动对单位产品材料成本的影响＝12.5×(24－23.52)＝6(元)

　　　两因素对产品成本的影响程度＝0＋6＝6(元)

从分析计算中可见，甲产品材料成本降低6元，是由于材料单价降低因素所致，属于客观原因形成的产品成本降低。

甲产品单位人工费用对比表

编制单位：北方工具厂　　　　20××年度

项　目	计　划	实　际	差　异
单位产品工时(小时)	50	50	0
小时薪酬率(元/小时)	3.0	3.06	－0.06
单位产品工资成本(元)	150	153	－3

人工费用变动对甲产品成本降低的影响＝150－153＝－3(元)

其中：单位产品工时变动对单位产品工资成本的影响＝(50－50)×3.0
　　　　　　　　　　　　　　　　　　　　　　　　＝0(元)

　　　小时薪酬率变动对单位产品工资成本的影响＝50×(3.0－3.06)
　　　　　　　　　　　　　　　　　　　　　　＝－3(元)

　　　两因素对产品成本的影响程度＝0＋(－3)＝－3(元)

通过以上分析计算表明，甲产品直接人工费用比计划上升3元，是由于小时薪酬率提高0.06元引起的。一般讲职工工资水平适当提高是正常的。

甲产品单位制造费用对比表

编制单位：北方工具厂　　　　20××年度

项　目	计　划	实　际	差　异
单位产品工时(小时)	50	50	0
小时制造费用(元/小时)	2.60	2.52	0.08
单位制造费用(元)	130	126	4

制造费用变动对甲产品成本降低的影响＝130－126＝4(元)

其中：单位产品工时变动对单位产品制造费用的影响＝(50－50)×2.6
　　　　　　　　　　　　　　　　　　　　　　　　　＝0(元)

小时费用率变动对单位产品制造费用的影响＝50×(2.60－2.52)＝4(元)

两因素对产品成本的影响程度＝0＋4＝4(元)

通过以上分析计算表明，甲产品单位制造费用比计划降低 4 元，是由于减少制造费用支出，使小时制造费用率降低 0.08 元所致，是车间节约支出的成绩。

附　　录

一、联产品、副产品和等级产品成本计算实训

(一) 联产品成本计算实训之一

1. 系数分配法

联产品成本计算表(系数分配法)

20××年4月　　　　　　　　　　　　　　　　　　　　　单位：元

产品名称	产量(吨)	系数*	标准产量	分配比例	应负担的联合成本			
					直接材料	直接人工	制造费用	合计
甲产品	400	1	400	0.625	3 750	1 350	2 400	7 500
乙产品	200	1.2	240	0.375	2 250	810	1 440	4 500
合计	600		640	1	6 000	2 160	3 840	12 000

＊选取甲产品的售价为系数定为"1"，乙产品系数为 60/50＝1.2

2. 实物量比例分配法

联产品成本计算表(实物量比例分配法)

20××年4月　　　　　　　　　　　　　　　　　　　　　单位：元

产品名称	产量(吨)	应负担的联合成本			
		直接材料	直接人工	制造费用	合计
分配比例		10	3.6	6.4	20
甲产品	400	4 000	1 440	2 560	8 000
乙产品	200	2 000	720	1 280	4 000
合计	600	6 000	2 160	3 840	12 000

3. 相对售价比例分配法

联产品成本计算表（相对售价比例分配法）

20××年4月　　　　　　　　　　　　　　　　　　　单位：元

产品名称	产量（吨）	单价	金额	分配比例	应负担的联合成本			
					直接材料	直接人工	制造费用	合计
甲产品	400	50	20 000	0.625	3 750	1 350	2 400	7 500
乙产品	200	60	12 000	0.375	2 250	810	1 440	4 500
合计	600		32 000	1	6 000	2 160	3 840	12 000

（二）联产品成本计算实训之二
采用可实现净值比例法计算成本

联产品成本计算表（可实现净值比例法）

20××年4月　　　　　　　　　　　　　　　　　　　单位：元

产品名称	产量（吨）	单价	金额	可归属成本	可实现净值	分配比例	应负担的联合成本			合计
							直接材料	直接人工	制造费用	
A产品	200	250	50 000	28 000	22 000	0.275	7 150	2 750	1 100	39 000
B产品	500	220	110 000	52 000	58 000	0.725	18 850	7 250	2 900	81 000
合计	700		160 000	80 000	80 000	1	26 000	10 000	4 000	120 000

（三）副产品成本计算实训之一

主、副产品成本计算表

20××年5月　　　　　　　　　　　　　　　　　　　单位：元

	项　　目	应负担的联合成本			
		直接材料	直接人工	制造费用	合计
总成本	月初在产品	16 000	4 000	12 000	32 000
	本月费用	240 000	60 000	68 000	368 000
	合计	256 000	64 000	80 000	400 000
费用项目比重		64%	16%	20%	100%
产品名称	甲产品	226 560	56 640	70 800	354 000
	乙产品	10 240	2 560	3 200	16 000
	丙产品	19 200	4 800	6 000	30 000

计算如下：

乙产品总成本＝200×80＝16 000(元)

直接材料费＝16 000×64％＝10 240(元)

直接人工费＝16 000×16％＝2 560(元)

制造费用＝16 000×20％＝3 200(元)

丙产品总成本＝75×400＝30 000(元)

直接材料费＝30 000×64％＝19 200(元)

直接人工费＝30 000×16％＝4 800(元)

制造费用＝30 000×20％＝6 000(元)

(四) 副产品成本计算实训之二

各产品成本计算表

20××年3月　　　　　　　　　　　　　　　　　单位：元

产品名称	应负担的联合成本			可归属成本			合计
	直接材料	直接人工	制造费用	直接材料	直接人工	制造费用	
A产品	38 380	23 040	9 580				71 000
C产品	1 620	960	420	600	400		4 000
合计	40 000	24 000	10 000	600	400		75 000

计算如下：

直接材料项目比重＝$\frac{40\ 000}{74\ 000}$×100％＝54％

直接人工项目比重＝$\frac{24\ 000}{74\ 000}$×100％＝32％

制造费用项目比重＝$\frac{10\ 000}{74\ 000}$×100％＝14％

C产品可归属成本＝600＋400＝1 000(元)

C产品应负担的联合成本＝200×20－1 000＝3 000(元)

直接材料费＝3 000×54％＝1 620(元)

直接人工费＝3 000×32％＝960(元)

制造费用＝3 000×14％＝420(元)

(五)等级产品成本计算实训

等级产品成本计算表

20××年6月　　　　　　　　　　　　　　　单位:元

产品级别	产量(万米)	系数	标准产量(万米)	分配率(%)	各等级产品总成本				单位成本
					直接材料	直接人工	制造费用	合计	
一等品	54	1	54	90	10 800 000	4 050 000	2 700 000	17 550 000	325 000
二等品	5	0.9	4.5	7.5	900 000	337 500	225 000	1 462 500	292 500
三等品	3	0.5	1.5	2.5	300 000	112 500	75 000	487 500	162 500
合计	62		60	100	12 000 000	4 500 000	3 000 000	19 500 000	

参 考 文 献

[1] 徐政旦. 成本会计[M]. 上海：三联书店上海分店,1994
[2] 周国安. 成本会计实务模拟实训[M]. 北京：高等教育出版社,2007
[3] 赵桂娟,王伶. 成本会计学：有效管理的工具[M]. 北京：机械工业出版社,2008
[4] 吴鑫奇. 成本会计实训教程[M]. 南京：东南大学出版社,2004
[5] 程坚. 成本会计实务学习指导习题与实训[M]. 北京：高等教育出版社,2007
[6] 程坚. 成本会计实务[M]. 北京：高等教育出版社,2007
[7] 冯巧根. 成本会计[M]. 北京：北京师范大学出版社,2009